地方の中小企業が
全国ブランドになるための

広報PR
パブリシティ戦略

妹尾浩二

PRプランナー／経営士

合同フォレスト

はじめに

私は四国の香川県高松市を拠点に、ＰＲプランナーとして中小企業の広報・ＰＲを支援する活動を続けています。

今、本書を手に取っていただいたあなたは、中小企業の経営に関わる立場の方でしょうか、それとも、広報担当者の方でしょうか。

中小・ベンチャー企業をサポートする金融機関や地方自治体、商工会議所などの経営支援部門の方、あるいは中小企業診断士などコンサルタントの方かもしれません。

いずれにしても、「地方」「中小企業」「ＰＲ」という言葉に敏感に反応されたあなたは、お仕事の上で企業の情報発信に何らかの課題を抱えていたり、強い興味はあるがどうしたらいいかわからない方と推察します。

読者の皆さんが抱える課題は千差万別だと思いますが、本書には、あなたのビジネスに直結するヒントがいくつか隠れているはずです。しばらくお付き合いください。

地方にある中小・ベンチャー企業が全国（海外も含む）のお客さまに自社や商品の価値を知ってもらい、理解してもらい、信頼してもらう。あるいは地域の外から人びとを引き寄せて自社のフィールドでお金を落としてもらう。

本書では、そのために必要なパブリシティ戦略のノウハウを紹介します。

あなたの事業が半径数km内の商圏の顧客だけで完結する場合や、現状維持を目標とし「目立たない方が得」と考えるような方には、本書で紹介するノウハウ（手法）はあまり意味がないかもしれません。

逆に、地方にあって、事業意欲が旺盛で、県外・全国、果ては世界への販路拡大のために新たな挑戦を始めている経営者にとっては、最少の投資で高い効果が期待できる、真に有益な内容であることを保証します。

もし、あなたの会社が技術やサービス、事業スタイルなどに何かしらの明確な特徴を持っているなら、この本を参考にしてパブリシティに取り組んでみてください。

あなたの会社からもたらされる新鮮なネタ（取材できる情報）を、マスメディアの記者たちは待っています。

ぬるま湯につかったままの会社、惰性で経営している会社に、社会は目を向けません。

現状維持と決別し、リスクを抱えながらも変化と進化を追い続ける会社を、マスメディアは待っているのです。

あなたやあなたの事業が、新聞や雑誌、テレビで頻繁に登場するようになると、今まで見えていなかった、新たな世界が見えてくるでしょう。

まず自分から手を挙げて、マスメディアを通じて、会社と公共（パブリック）の関係性（リレーションズ）を作りましょう。それがＰＲ（パブリック・リレーションズ）です。

社会から注目され、評価されることで、トップ自身にも社員にも自覚が芽生え、さらなる事業意欲が生まれます。報道された記事や番組を見て知人や家族から褒められることで、社員やスタッフのモチベーションが向上し、会社への愛着が深まります。

社会的なポジションの上昇と社内の意識向上が結び付くと、その結果は推して知るべし。パブリシティの効果が表れ始めると、社内は自然と明るくなり、会社のブランド価値が高まり、商品やサービスが売れていくようになります。ヒト、モノ、カネが集まりやすくなり、会社は右肩上がりに伸びていきます。

会社は小さいほど「伸びしろ」が大きいということ。規模を追わない主義であれば「小さな一流企業」というブランド化も目指せます。

あなたの会社がしっかり利益を確保し、これからひと回りもふた回りも大きく成長していけば、新たに多くの雇用が生まれ、若者も地元に仕事を得て、安定した幸せな暮らしが実現します。ひいては世帯数も子どもも増え、地域の経済も社会も活力を取り戻していけるはずです。

岡山県に生まれ育ち、東京での会社員時代を経て、今香川県で暮らし働く私は、実に単純ですが、そのような思いを抱いて、ＰＲプランナー、ＰＲプロデューサーの仕事をしています。

当社のクライアント企業は、主に「売上規模1億円から数十億円、従業員10数人から数百人ぐらいまで」のメーカーやサービス系の中小企業が多いのですが、それを超える規模であって「まだ全国的に有名になっていない中堅・準大手企業」にも、同じ視点でＰＲの支援を行っています。

本書では、私が地方と東京の広報ＰＲの現場で四半世紀以上にわたって実務に携わり、1000人を超えるメディア関係の方々とやり取りをし、トライ&エラーを繰り返した中で学んだ、パブリシティのノウハウを余すところなく公開します。

地方から全国、そして世界へと伸びていこうとする発展途上の企業のために、広報ＰＲの知識や経験を私の内側に留めるのではなく、オープンソースとして広く提供したいと考えました。

企業経営者だけでなく、企業をサポートする方々にもぜひ活用していただきたい。そして、元気な中小企業と共に広報ＰＲ・パブリシティに取り組み、地域の産業や社会全体に活気をもたらしていただきたいと願っています。

パブリシティ（Publicity）

マスメディアに対する広報活動の一つの手法。ニュースとして取り扱われることを期待して、企業が自社の業務や業績など諸々の社会活動に関する情報を、報道機関に提供すること。マスメディアという客観的なフィルターを通して発信されるものであるため、広告よりも一般社会への信頼性が高い情報となる。

（『広報ＰＲ＆ＩＲ辞典』　藤江俊彦編著、同友館、２００６年）

【注釈】本書での用語の表記のしかたについて

●「マスコミ」と「マスメディア」と「メディア」

新聞社・放送局・雑誌社などの企業体・組織と、新聞・テレビ・ラジオ・雑誌など広範囲に行きわたる既存の情報媒体を「マスコミ」とも「マスメディア」とも言いますが、最近は「マスメディア」という呼び方が一般化しているため、この本でも「マスメディア」で統一します。またインターネットなどデジタル媒体の「ネットメディア」も含めて、情報媒体のことを「メディア」と総称しています。

●「広報」と「PR」

日本語の「広報」は団体や企業から社会に向けた「お知らせ」の意味合いが強いのに対し、「PR」はより広い領域で「社会・公衆との良好な関係を作ること」を指します。ただし、本書の中で文脈によって「広報」「PR」をどちらも使っています。

●「プレスリリース」

マスメディア向けの公的な発表資料のこと、また、その資料を配信する報道発表を「プレスリリースする」ともいいます。報道用に限定しない場合は「ニュースリリース」と呼ぶこともあります。

●「パブリシティ」

企業がメディアに対して情報（プレスリリースなど）を提供し、記者が取材するなどして新聞記事やニュースとして報道されるもの、あるいはその取り組みのこと。広告費が発生する「ペイドパブリシティ（記事型広告）」とは区別しています。

もくじ

第1章 PRが地方の中小企業に有利なわけ

第2章

埋もれるべからず、出る杭になれ

第3章 メディアが歓迎するニュースネタの見つけ方、作り方

第4章

記者が思わず取材したくなるプレスリリースの書き方

第5章 地方発・全国ブランドを実現するメディア選びと発信術

第6章

記者をサポーターにする、WIN-WINの関係構築法

第7章

検索したくなる空気作り

第1章

ＰＲが地方の中小企業に有利なわけ

1 広告から広報へ　立場が180度変わった私

広告と広報（PR）。このふたつのコミュニケーションは、自社のことを社会に広く知らせるという意味では共通ですが、その目的や手法、意味合いが大きく異なります。

これを説明するうえで、まずは私自身の経験をお話ししておきたいと思います。

振り出しは広告業界から

平成元年、バブル絶頂期の春。

それまで3年あまり広告代理店の営業職として岡山市で働いていた私は、縁あって瀬戸内海対岸の高松市に本社を置く、香川県最大手の建設会社A工務店に、広告宣伝業務担当として転職することになりました。

A工務店は、自社で設計施工した分譲マンションを自社で販売するという製造直販システムで四国・中国・九州から関西へと進出し、東日本での展開を始めようという、バブルの大波に乗った、勢いのある会社でした。当時の売上は数百億円でしたが、その後、独自路線で急成長し、マンションの販売戸数で全国1位を獲得した年もあります。

当初は、テレビCMや新聞広告のコンセプトチェック、代理店への発注などを担当。続いて、マンション入居者向けの会報誌の編集などに携わりました。

これからは、広報で露出を高める時代だ!

広告代理店の営業マンとスポンサー企業の広告担当は、売り手と買い手の関係。私は広告を「売り込む広告代理店の側」から「発注するスポンサーの広告担当の側」になったのです。

皆さんご存知のとおり、売り手と買い手では買い手が圧倒的に優位です。広告担当になった当時は、潤沢な広告予算がありましたので、こちらは上客としてマスメディアにも言いたいことが言えます。代理店にこちらの要望を伝えていればよかったのです。

転職2年目にしてバブルは崩壊しました。ただ、その後の業績悪化が比較的緩やかだったので、数年間は広告予算も確保でき、新CMの制作や自動車レースのスポンサー活動などを続けていました。この間は私自身も思い切り仕事ができ、精神的にも充実していました。

その後じわじわと広告予算が減り、広告部門では打つ手がなくなり肩身が狭くなります。4年ほど経ち、社長の「これからは広告より広報で露出を高める時代だ」と言う「鶴の一声」で、社長直轄の広報室を立ち上げることになりました。そして、初めての広報専任担当に私が指名されたのです。

にわか仕込みの広報担当者のスタート

広告畑でずっと過ごしてきた私は戸惑いました。

広告と広報の仕事内容が違うのはわかっていましたが、PRとは何か、広報として何をすればよいか、見当もつきません。教えてくれる上司もおらず、まだインターネットが普及する前なので、ネットに頼ることもできません。

仕方ないので地元の記者クラブを訪ね、地方紙の経済担当記者さん（今は専務に出世されています）に、プレスリリースの書き方や記者クラブでの発表の仕方などを指南していただいたり、当時まだ少なかった広報PRの専門書を買い込んで、PRの意味やパブリシティのノウハウを勉強し、にわか仕込みの専任担当者として広報室をスタートしたのです。

広告と広報は、こんなに違う

そうしながら、それまで携わってきた広告と、これから取り組む広報に、以下のような違いがあることを少しずつ理解しました。

表1－1　広告と広報・ＰＲの違い

広　告	比較事項	広報・PR
• 広告面、ＣＭ枠	掲載形態	• 報道記事面、ニュース・情報番組
• 広告スペースやCM時間を買う	方法	• 情報をマスメディアに提供
• 見込み客や潜在顧客	ターゲット	• すべての利害関係者
• 認知度・売上を上げる	基本スタンス	• 評判・信頼性の向上 • 長期的な関係作り
• 原則としてすべて掲載される • 表現は自由	掲載・表現	• 掲載は保証されない • マスメディア側の裁量に委ねる
• 自画自賛的で信頼性が低い	信頼性	• 客観性があり信頼性が高い
• 広告料高い（媒体費＋制作費）	コスト	• ゼロ（人件費、通信費のみ）

- **付き合う相手**：広告はマスメディアの広告局や広告代理店の営業マン。広報は新聞の報道部の記者やテレビの報道局・制作局担当者
- **関係性**：広告はお金を出す企業がお客さま。広報は企業とマスメディア（記者）が対等な関係
- **手段**：広告はお金を払ってマスメディアの広告枠を買う。広報はプレスリリースや情報提供で取材を呼び込む
- **目的**：広告は自社の認知、商品の販売促進。広報はブランド力のアップと各地域社会との結び付きを深めること

などなど（**表1－1**）。

広告から広報に異動したことで、私はまったく新しい世界を知ることになりました。マ

スメディアの記者さんたちと接する中で変わったのは次のような点です。

・会社の良い面・悪い面を外部の目で客観視するようになった。
・馴れ合いは許されず、真剣勝負の緊張関係を保つ必要ができた。
・自分の努力次第で、相手（記者）の要望に応えてあげることができるようになった。
・お金が介在しないので、ある意味で気楽になった。
・トップ（社長）との距離が近くなり、その考えをある程度理解し、代弁できるようになった。

広報が天職だと感じた

先ほど述べた通り、記者との関係性は「対等」です。けれど私は、いつも記者を尊重して半歩下がるぐらいの関係性を意識していました。何しろ記者に興味を持ってもらって、良いニュースとして報道してもらうことが私の存在価値なのです。商品（マンション）を買うお客さまは全国にいくらでもいますが、メディアは限られています（その姿勢は、付き合う記者がほとんど自分より年下になった今でも変わっていません）。

それからは、ニュースになるような新規性のあるマンション（免震装置や屋上緑化、インターネット導入、ペット飼育可など）を企画するよう設計部に掛け合ったり、各地の支店や営業所単位で地域貢献活動を考えてもらったり、「会社の視点」よりも「社会の視点」に重きを置いて考える癖がつきました。

ミレニアム年をまたぐ6年間は、東京本社の広報課長として、東京の大手マスメディアとの関係作りのほか、北は東北から南は鹿児島まで、全国の新聞社・テレビ局を行脚しました。

そして、その地域ならではのニュースネタを作って直接記者を訪ね、情報提供し、主要なメディアに取材・報道していただきました。地方と東京で広報担当をさせてもらった10年間で、自分の天職を見つけることができました。

2004年に、円満退職して高松に戻り、1年間だけ地元金融機関に広報担当として勤めた後、独立してPR事務所を設立し、地方の中小企業専門にPR支援活動を行っています。

こんな私が、これまで30年近くにわたって現場で独自に身に付けた、地方ならではのPRのノウハウを、全国の中小企業を元気にするために、紙幅の許す限りお伝えしていきたいと思います。

2 「お客さま」だけでなく「ステークホルダー」（利害関係者）を意識する

広告は「Buy me!」、PRは「Love me!」

広告とPRの違いを端的に説明するときに、業界でよく持ち出される言葉があります。

「広告はBuy me!（商品を買ってほしい）、PRはLove me!（私を好きになってほしい）」。

私が在籍した会社の社長が言ったように、「広告は有料なのに対して、PRはマスメディアを通じて無料で記事や番組として取り上げてもらうこと」という違いも、もちろん大きいのですが、そもそも広告とPRはその対象と目的が異なるのです。

どちらも企業そのものや商品・サービスを広く認知させるためのコミュニケーションの手法ということは共通ですが、広告がその主目的を「Buy me!」、つまり商品・サービスの販売促進に置くのに対し、PRの目的は「Love me!」、つまり企業のありのままの姿を知っていただいて、信頼し、好きになってもらうためのコミュニケーションであるといえます。

広告ではウソも方便、ＰＲでは事実を曲げないこと

広告とは、企業がスポンサーとなってメディアの広告枠を購入し、自社のメッセージを掲載・放送するものです。広告はお客さまに買う気になってもらうことが目的なので、自社の商品の良さを積極的に発信し、売り込みます。

広告ではイメージが第一であり、実態を誇張したり脚色したりということが普通に行われます。国民的な人気タレントが軽四自動車に乗っていたり、動物がお父さんだったりしても、視聴者・読者はそれを広告特有のエンターテインメントだと知っているので大目に見てくれます（ただし、事実と紛らわしい演出で問題になるケースもありますが……）。

一方、ＰＲは「Public」との「Relations」、つまり公共との関係性を構築するのが目的です。

公共との関係性を構築するということは、幅広い人々に理解してもらい、信頼を獲得し、最終的にファンになってもらうということです。そのために新聞記事やニュース番組などの中で、客観的な事実として報道されるように情報を提供していきます。

ですから、ＰＲにおいて、フィクションやウソはご法度。マスメディアの報道部に届けるプレスリリースは、あくまで信頼に足る客観的事実であることが大前提。自社を良く見せるために事実を曲げたり誇張したりしてはいけません。

企業が発信する情報が信頼できるからこそ報道され、社会に浸透し、口コミを誘発して社会に良い影響を与えることが可能なのです。

掲載判断の主体が企業側か、メディア側か？

広告は、その掲載の可否を判断するのは企業側。スポンサーとしてお金を払う側の立場が上だからです。基本的に、広告では予算さえ許せば、自社の情報を自由な時間帯に、繰り返し流すことができます。

PRは広告と違って、その掲載・報道の価値判断はあくまでマスメディアの側にあります。いつどこで、どのように取り上げるかはマスメディアの判断に委ねられるため、企業ではコントロールできない難しさがあります。

しかし、公共性の高い新聞社、テレビ局が客観的に紹介する情報ということでの信頼性と波及効果は圧倒的に高まります。

ステークホルダーは自社を取り巻くすべての人々

広告とPRはその目的とともに、対象の範囲も異なります。広告が対象とするのは「お客さま」。主に見込み客、潜在顧客です。これに対しPRの対象となるのは、自社を取り

図１－１　「広告」と「ＰＲ」の対象

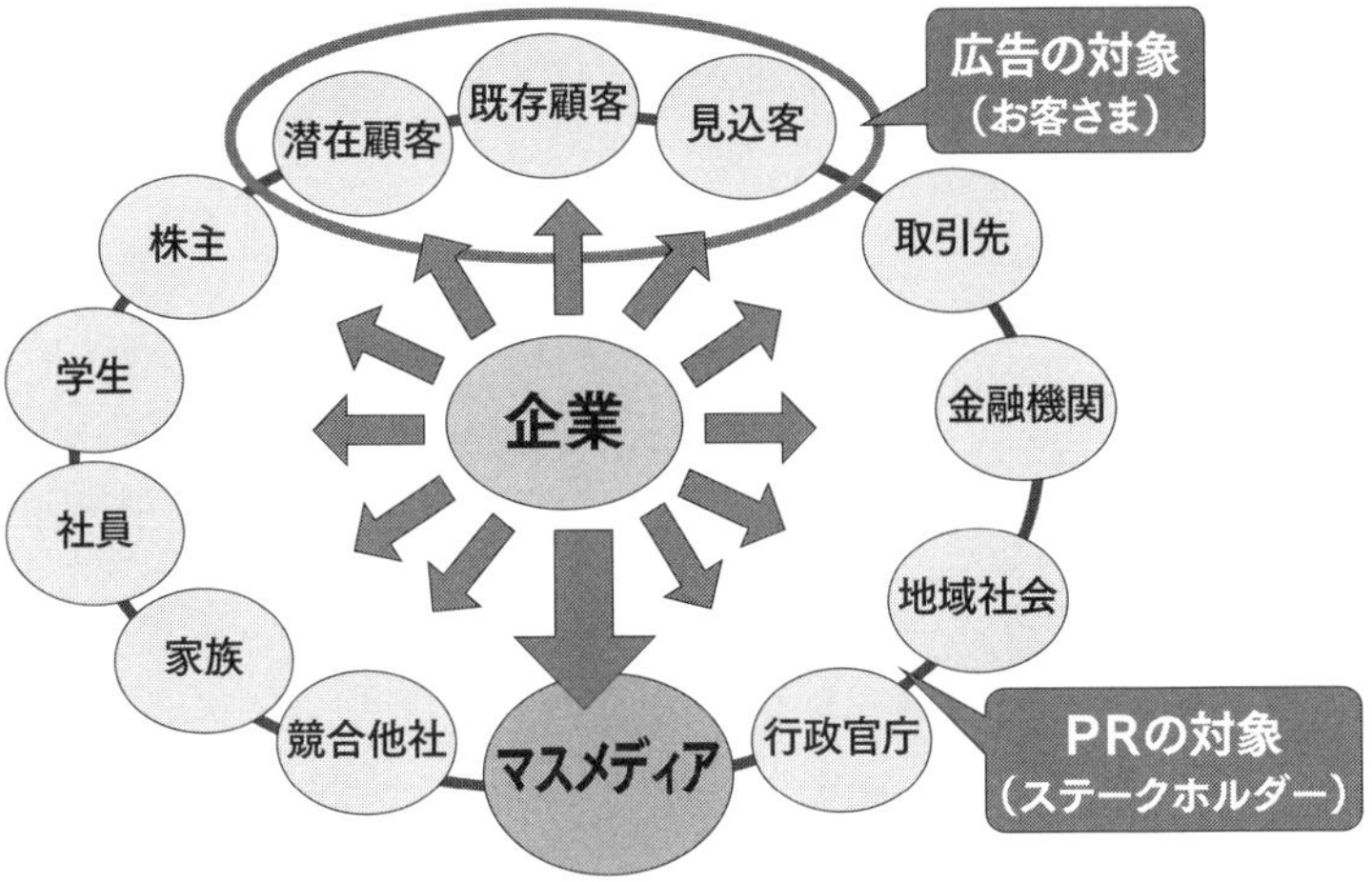

巻く「ステークホルダー」です（図１－１）。

「ステークホルダー」は競馬の「ステークス」という言葉と語源が共通で、「お金を賭ける＝利害を共にする人」つまり、利害関係者のこと。企業を取り巻くすべての関係者です。

商品やサービスを購入して、自社に利益をもたらしてくれるのがお客さまであることは間違いありません。しかし、企業が永続していくためには、お客さま以外、つまり商品を買ってくれる可能性がない人まで含めて、自社の支援者、ファンになっていただく必要があります。

顧客・見込み客だけでなく、オピニオンリーダー、流通バイヤー、地域社会、自治体、金融機関、社員の家族など、ステークホルダーの幅は広いです。企業は自社を取り巻くすべてのステークホルダーに生かされているのです。

ステークホルダー。聞きなれないかもしれませんが、PRを理解するうえで外せない言葉なので、その意味をぜひとも理解しておいてください。

3 情報発信力は求心力

まず、自分から手を挙げよう

マスメディアに取材される企業とされない企業、ニュースになる企業とならない企業。その差はどこにあるのでしょうか?

小学校の授業を思い出してください。あなたは、先生が出した問題の答えが誰よりも早くわかりました。さてどうしますか? 勢いよく手を挙げて先生にアピールしますね。ここで自信がなくて逡巡したり、恥ずかしがって手を挙げなかったりしたら、ほかの誰かが先に答えてしまいます。

もしも最後まで手を挙げなかったら、いつまでも当ててもらえず、先生から褒められることはありません。先生は、できるだけたくさんの生徒に発表の機会を与えたいと思っていても、手を挙げない生徒をわざと指名はしないでしょうから。

先生はマスメディア、生徒は企業。つまり、新聞やテレビに取り上げられるには、マスメディアに対して進んで手を挙げなければならないのです。

学校では1人の先生に対して生徒が40人ほどですが、マスメディアと企業の数でいえば、地方でもマスメディア数十社に対して数万社の企業があります。記者たちが、日々の忙しい業務の中ですべての企業の情報を集めることは不可能です。いきおい、記者は持ち込まれた情報（プレスリリース）の中から取材先を選んで記事を書くことが多くなります。

その結果、マスメディアに向けて頻繁に情報発信している企業のニュースが多くなる一方で、情報発信をしていない企業はいつまでも取り残されたままです。これは大企業でも同じで、情報発信に積極的な企業とそうでない企業は、マスメディアへの登場回数に格段の開きがあります。

中小企業はなおさら、自ら進んで手を挙げなければ取材されるチャンスは巡ってこないのです。

情報は、発信するところに集まってくる

また、あなたの会社が有益な情報を発信し続ければ、それ以上の情報が流れ込んできま

す。個人レベルでも「あの人の話は面白い」「あいつの話は役に立つ」となれば、その人の周りには話を聞きたい人が自然と集まってきます。さらに話を聞くだけに留まらず、コミュニケーションを取ろうと、自分の持つ情報をすすんで提供してくれます。

これが情報のギブアンドテイク。一方が情報をもらうだけでは、そこに情報の循環は生まれず、両者の関係にそれ以上の発展はありません。

企業経営では、ヒト、モノ、カネ、情報などの経営資源が循環することによって事業が成立し、利益が生まれます。ヒトも、モノも、カネも、それが動く前段階で、情報のやり取りがありますので、情報を発信する企業には、その企業と関係を持ちたい人が情報を持ってやってくるのです。

こうして、会社と会社の関係ができるとビジネスが生まれ、ヒトやモノやカネまでが流れ込み、さらに関係が活性化することで事業が発展していくという構図になります。

情報発信スキルのない企業は生きていけない

情報を発信する力は、それぞれの企業によって大きく異なります。上場企業であればIR（インベスター・リレーションズ）など、株主に向けての情報発信が必須になっていますし、大企業であれば一定水準以上の情報発信体制ができています。けれども、中堅・中小規模の会社は全般的にこの情報発信力がウィークポイントとなっています。

情報発信力が弱い会社は、おおむね、「なぜ情報発信する必要があるのか（情報発信の必要性）がわからない」、「何を発信してよいのか（発信すべき情報）がわからない」「いつ、どこで、どのように発信するか（発信の方法）がわからない」。これら情報発信のノウハウが欠けているために、最初の一歩が踏み出せず、飛躍のチャンスを逃しているというケースが多いのです。

自社の情報を的確なマーケットに的確に伝えられなければ、どんなに良い商品も宝の持ち腐れ。情報社会の中で、情報発信のスキルがない企業は生きていけません。情報を広く伝達するプロ集団であるマスメディアの能力をどれだけ活用できるかが、あなたの会社の将来を左右するのです。

4 PRが地方の中小企業に有利なわけ

東京本社でなければ全国にPRできない？

では、あなたの会社のような特色を持った中小企業が、PR活動によって新聞やテレビ番組で紹介されて全国的に有名になるためには、「東京に本社がある場合」と「地方に本社がある場合」では、どちらが有利でしょうか？

「東京に本社があるほうが有利」と答えた人は、「首都圏でニュース番組や新聞で紹介されれば、一気に何百万人に情報が届き、認知度を上げられる」と考えるからでしょう。確かに、経済の中心は東京であり、証券取引所や中央官庁の記者クラブや主要マスメディアの拠点はほとんど東京なので、上場企業・大企業の場合は、東京に本社や広報機能があったほうが効率的であるに違いありません。地方では、企業の話題はローカルメディアのテレビや地方紙では紹介されても、全国に波及させることは難しい、そう考えている人が多いのです。

ところが実は反対に、中小企業は地方のほうが断然、全国紙に取り上げられやすい。つまり、「地方で情報発信するほうが全国ブランドに近づく早道」ともいえるのです。

都会の野球少年はなぜ地方から甲子園を目指すのか

大都市圏の野球少年が、地方の高校から甲子園を目指す「野球留学」が当たり前のように行われています。なぜなのでしょう。

その理由は、ライバルの数の差です。

関西や関東の強豪校だとレギュラー争いも激しく、たとえ試合に出られても都府県の大会の予選参加校が圧倒的に多いので、勝ち抜いて甲子園出場を果たすのは至難の業です。

一方、山陰や東北、四国など人口の少ない地域では予選参加校が少なく、県大会で5試合勝てば甲子園に行ける県もあります。

甲子園に出場できさえすれば、大都市圏の代表も地方の代表も同じステージで戦えて、そこでの活躍がスカウトの目に留まればプロ野球選手になる夢が叶うかもしれません。「甲子園からプロ野球」という夢への近道が地方にあるからこそ、親元を離れて野球留学する生徒が後を絶たないのです。

地方の有利な点は、紙面争いの競争率の低さ

ＰＲに話を戻すと、東京には約50万社、大阪には約32万社の中小企業があります。かたや私の地元の岡山県には約6万社、現在の住まいと会社がある香川県には約3万6千社。その差は10～20倍です（その他の各県も人口の約3～4％に当たる数の中小企業があります）。

全国紙の都道府県版、地方経済面の記事スペースはそれほど変わらないので、大都市の地域面・経済面の紙面争いには、強力なライバルが無数にひしめいているのです。新聞紙面獲得競争の格差は、選挙の一票の格差どころではありません。

たとえば日本で最も読まれている経済紙、日本経済新聞の場合、中国地方・四国地方の

地域経済面はそれぞれ4～5県で1ページ（広島県は単独で1ページ）ですが、そもそも取材対象となる企業の数が大都市圏より圧倒的に少ないので、記者たちは日々の取材先の確保に苦労しています。他の全国紙の地方版も同様。タイムリーに良い情報を提供できれば、会社の規模に関係なく、取材され掲載に至る確率はかなり高いのです。

さらに、日本経済新聞地方版の記事は、同様の内容で日経MJ（流通新聞）や日経産業新聞に転載されることも多く、時には本紙の全国版で扱われるケースもあります。

一方、東京や大阪の中小企業が記事掲載を獲得しようとすれば、日本経済新聞や全国紙の地方面、地域経済面はかなりハードルが上がります。まず大企業の発表ネタで紙面が埋まってしまい、中小企業ネタを載せるスペースが残っていないことが多いからです。

また、朝日・毎日・読売・産経など全国紙の記事の多くは、各紙のweb版にも掲載され、内容によっては「Yahoo!」などのニュースサイトにも反映されることがあります。紙面では限られたエリアでしか読めなくても、インターネットニュースなら全国どこからでも記事にアクセスしてもらえます。

ローカル発全国ネットへの道

テレビについても同様です。首都圏の中小企業は関東ローカルのテレビ番組に登場することさえ狭き門なのですが、地方ならハードルはぐっと下がります。

たとえば当社のある香川県高松市は、NHKのほかに、地上波の民放テレビの本社・支社が5系列すべて揃っています（これは香川・岡山の電波が相互乗り入れしているためで、地方では異例の多さなのですが）。

テレビ局が多いということは、パブリシティの枠がそれだけたくさん用意されているということ。ローカル局に取材されて、面白いネタであればキー局の情報番組やニュース番組に流してもらえる場合があります。NHKにも各地のローカルニュース枠があり、地方に行くほど経済関連の情報は不足しているので、取り上げられる可能性は高いし、内容とタイミングによっては「おはよう日本」や「シブ5時」などの番組内で全国に紹介されるチャンスも大いにあります。

地方版でも掲載実績は残る

大都市圏の中小企業の場合、初めは載りやすい業界紙や専門誌、インターネットのニュースサイトから一歩ずつ、というのがセオリーとされています。しかし地方では、いきなり全国紙やNHKテレビに登場することもレアケースではありません。

地方版であろうと全国版であろうと日経は日経、朝日は朝日、NHKはNHK。一流のマスメディアに取り上げられたという実績は、社会的な信頼度の大幅アップとブランディングにつながり、その後の事業に必ずプラスになります。

地方に本社を置いて事業を全国展開していく中小企業は、PRにおいて最も効率的にマスメディアの力を借りやすい環境にあるといえるのです。

情報発信することで、地方にこんな素晴らしい会社・商品・アイデアがあるということを全国に知らせることができれば、ヒトも、モノも、カネも、地域を超えて大きく動きます。自信を持ってPRに取り組みましょう。

5 社会に知られる価値を知る

マスメディア登場の価値

新聞やテレビに会社の記事が出ると、単純な記号でしかなかった自社の名前が、記事を読んだ人にとっては、「あの会社」「知っている会社」に変わります。マスメディアに載るのは「何者でもない会社が何者かになる」瞬間なのです。

知名度がない中小・ベンチャー企業は、ラベルが貼っていないペットボトル飲料と同じ。いったい中身が何で、どんな味なのか見当がつきません。さまざまなメディアに載ること

表1-2　PRによってマスメディアに登場するメリット

1. 認知度が上がる
2. 信頼度が上がる
3. 信用度が上がる
4. 社会的ポジションが上がる
5. 営業活動がしやすくなる
6. 金融機関から融資を受けやすくなる
7. 国や県から補助金・助成金が受けやすくなる
8. 国や県の機関から支援策の申し出が来る
9. 大学などから共同研究のオファーが来る
10. 公的な表彰「○○大賞」等の候補にノミネートされる
11. 大きな取引先からアプローチが来る
12. 優秀な人材が採用しやすくなる
13. 原料供給や技術の提供などの申し出が来る
14. 社外の人から褒められる
15. 社員のモチベーションが上がる
16. 社員が会社を誇りに思う
17. 社員の家族が幸せになる
18. 人・モノ・カネ・情報が向こうからやって来る

によって、あなたの会社が何者で、この商品はどんなものなのかを理解してもらうことができます。

そして、あなたの会社に次のようなさまざまなプラスの変化が生まれてきます（**表1－2**）。

【ブランディング面】

①露出が増え、認知度が上がる

新聞記事、テレビニュースの認知率は、同じ紙面、同時間帯の広告の3～7倍も高いというデータがあります。

②信頼度が上がる

マスメディアの報道は客観的で、ネット上の情報の何倍もの信頼度があります。

③会社・商品のポジショニングが明確になる

「○○社は△△△な会社」「□□は××に優れた製品」という共通認識が生まれます。

【マーケティング面】

①これまで以上の大きな取引先からアプローチが来る

日本経済新聞や業界紙は、大手企業の役員や担当者もみんな目を通しています。

②原料供給、技術提供や販売支援など協力者とつながる

自社単独ではできない新商品開発や販売が可能になります。

③価格の引き下げ圧力が減る

メディアで認知度が上がると、値崩れしにくくなり付加価値が上がります。

④営業が楽になる

相手が自社を知っていれば会社説明や商品説明が省略でき成約率が高まります。

⑤国や県の機関から支援策などの情報が優先的にもたらされる

公共機関では支援すべき対象企業を新聞記事などを参考に選定しています。

⑥大学などから共同研究や共同開発などのオファーが来る

大学も研究費の捻出のために民間企業のコラボ先を探しています。

【財務面】

①信用度が上がる

目に見えない「信用」が担保となり、金融機関などから資金を調達しやすくなります。

②自治体や国の助成金や補助金などの審査が通りやすくなる

報道実績が助成金や補助金の審査員の判断にプラス材料となります。

【人事面その他】

①優良な企業を公的に表彰する「○○賞」などの候補になる

「○○功労賞」「○○大賞」などに推薦されやすく、受賞の決め手となります。

②優秀な人材を採用しやすくなる

有力大学を卒業した若手や、プロ人材を獲得できる可能性が高まります。

③社内のベクトルが揃う

メディアでトップが語ることで経営方針やビジョンが社内に浸透します。

④社員のモチベーションが高まる

記事やニュースを見て周りから「すごいね」と褒められるとやる気になります。

⑤社員の家族が幸せになる

お父（母）さんの会社が「名もない小さな会社」から「評判の会社」に変わります。

あなたの会社・商品・サービスを探している人に巡り合うチャンスが高まる

その昔は、ある小さなお店がテレビ番組で紹介されると、その日から店の電話が鳴りやまず、翌日には長蛇の列ができ、やがて大繁盛店になった、といった話がありましたが、今、テレビや新聞に一度取り上げられただけで状況が劇的に変化することはめったにありません。

しかし、積極的にＰＲに取り組み、さまざまなメディアに載り続けることで、徐々にではありますが、確実に、新しいご縁が増えてきます。あなたの会社・商品・サービスを探している人に巡り合うチャンスは、多ければ多いほどよいことは間違いありません。

手を変え品を変え、切り口を変えて、いろんなメディアにアプローチし続けることで、チャンスが広がっていきます。

そのうちに、社員たちに無駄な苦労をさせなくても、企業の成長に必要な経営資源、つまりヒトや、モノ、カネ、そして情報などが向こうから集まってくるようになるのです。もちろん、業績向上にもつながります。

そして何より、パブリシティは基本的にお金がかからないところに意味があります。パブリシティは唯一、「情熱と知恵と工夫だけで勝負できるマーケティング&ブランディング手法」なのです。カネがなければ汗をかき、知恵を出しましょう。

6 PRは胡散臭さの消臭効果がバツグン

飛び込み営業トークのプロセス

新規の顧客先に飛び込みで訪問して、ある新商品を販売するときの営業トークのプロセスを考えてみましょう。

①名刺交換して挨拶を交わす
②「わが社はこういう会社で、こんな品物を売っています」と会社案内などを示しながら説明する
③自分と会社の素性を明らかにし「怪しいものではない」とわかってもらう
④新商品の特徴や他社との差別化ポイントを強調し、新商品の価値を理解してもらう
⑤なぜこの商品がお客さまの役に立つのかをお客さまの立場に立って説明する
⑥お客さまが共感し、買いたい気分に傾く

そこで初めて「ところで、これ、おいくらですか？」「納期は？」と続きます。ここからが、実際の営業交渉です。

⑦お客さまから価格や品質保証、納期などについて質疑応答
⑧お客さまが買う気になったら、価格交渉と条件交渉
⑨成約

営業活動においては、最初の①～⑥までは、一般にプレゼンテーションの段階であって、⑦以下の営業トークに移るための価値伝達活動です。

新聞記事がプレゼンテーションを代行

パブリシティとは、メディアを通じて行うプレゼンテーション活動です。つまり、会社の素性を知らせて安心してもらい、商品の特徴と顧客のメリットを伝え、その価値を理解していただくまでの上記①～⑥までのプロセスを、営業マンの代わりにマスメディアの記事などに代行してもらう活動といえるでしょう。たとえば――

ある新聞の経済面に、T製作所という小型ショベルのメーカーの記事が出ています。

●ニッポンの工場

欧米で「建機のベンツ」と称される小型ショベルのメーカーが国内にある。N県に本社を構えるT製作所だ。9割以上を輸出するため国内の知名度は低いが、欧米の建設業界への浸透度は抜群。オーストリアやスペインなどではトップシェアを握る。生産量は1日70～80台。若手とベテラン双方の強みを生かした生産力で信頼を勝ち取っている。

さて、あなたが同社の営業マンで、飛び込みで建設会社へ営業に行き「うちはこういう会社です」と、新聞記事を見せたらどうでしょう。先方はその記事からあなたの会社の事業内容も製品のコンセプトもほぼ理解することができます。

つまり、①「挨拶」のあと、②「会社案内」から⑥「買いたい気になる」まで、先方の担当者の頭の中をいきなり早送りしてしまうことができるのです。ちょうど先方の会社に少しでも建機のニーズがあれば、即その場で、値段交渉に持ち込めるかもしれません。

先方が、過去に報道された同社の記事を読んでいてくれたら、さらにスムーズにコトは運びます。

信頼できるマスメディアのニュースや記事は、初対面で懸念される「素性がわからない怪しげな会社」という胡散臭さの消臭効果が抜群に高いのです。

良い評判は、広告のように金で買うことができない

繰り返しますが、ＰＲは企業・商品の価値を伝達する活動です。ＰＲを営業に生かせるかどうかは、企業の持つ「コミュニケーション能力」にかかっています。特に、パブリシティ戦略が巧みになればなるほど、本来の営業活動に直結して大きな相乗効果をもたらすようになります。

古くから広報活動への理解が深かったとされる松下幸之助氏は、「ＰＲとは、会社の評判を良くする活動だ。そして問題は、良い評判というのは広告のスペースを買ったり、テレビＣＭを打つように、金では買うことができない点だ」ということを公言され、価値を伝え評判を良くするためにＰＲ活動に精力を注ぐよう、部下に指示していたと言われます。

7 「おいしい」よりも「おいしそう」を伝えよう

PRの役割は、うなぎ屋のうちわ

夏場の暑い時期、土用の丑の日にうなぎを食べる習慣を広めたのは、香川県出身で江戸時代に活躍した天才、平賀源内だと言われています。

夏場に客足が落ちるという相談をうなぎ屋から受けた源内が「本日は土用丑の日、うなぎ食ふべし」というコピーを考え、看板を出したら客が殺到したので、他の店も真似をはじめ、毎年土用丑の日にうなぎを食べる風習ができあがったそうです。

真偽はさておき、「PRの役割はうなぎ屋のうちわだ」といった人がいます。

うちわであおぐことによって、たれの焼けた匂いがそこいらへんに広がって、つられて客が店内に吸い込まれる。その「おいしそうな匂いを拡散する」のがPRの役割なのです。

おいしそうな匂いが漂ってくれば、看板には気付かなくても近くにうなぎ屋があることがわかる。その匂いを嗅いだとたんに、自分が空腹だったことに気付き、急に食べたくなる。

「ニーズが顕在化する」というわけです。

一瞬で「おいしそう」と思えるか

ここで大事なのは、「おいしい」ことではなくて、あくまで「おいしそう」であることです。

たとえば、本屋で何気なく本を探しているとき、本棚に並んでいる中からタイトルだけ見て「なんとなく面白そう」「なんとなくためになりそう」と思えば手に取るでしょう。そして、帯の推薦文や目次をパラパラと読んで、確信が持てたらレジに向かいます。

ということは、本の中身が良いのは大事ですが、それよりも重要なのは、無数にある本の中から「あっ、これ面白そう!」と「あっ、今の自分に関係がありそう!」と思って手に取ってもらうことなのです。

プレスリリースでいえば、タイトルやリードだけで記者の興味を引くことができなければ、中身が良くてもスルーされておしまいです。

「食材・味へのこだわり」は、食べてみるまでわからない

飲食店でも、初めて入る店で料理を注文し、お金を払うというのは、お客さんにとっては結構なギャンブルです。まして、最低限の味が保証されている大手チェーン店や口コミ

サイトで評価が高い人気店でもなければ、看板を出して店を開けておくだけでは、なかなか初めてのお客さんは入ってきてくれません。

飲食店の中には、「味には自信がある」「食材にこだわっている」「調理技術が高い」と自慢している店がたくさんあります。けれどそれは、実際に入店して「食べてみなければわからない」店では意味がないのです。

そして大多数の飲食店は、「おいしそう」「良さそう」の伝え方が下手です。「良い料理を作る」「安心安全や技術にこだわる」のも大事ですが、その「おいしそう」「良さそう」がお客さんに伝わらなくては来店してもらえません。

おいしいうなぎを焼くのと同時に、一生懸命うちわであおいで「おいしそうな匂い」をより多くの人に伝えることも不可欠。「いい商品」と「まだ入店していない客」の間を埋めるのがPRであり、店主の大事な仕事なのです。

そしてこれは、本や飲食業だけでなく化粧品や映画、テーマパーク、セミナー、家電や機械などに至るまで、すべてに共通しています。

初めての客が、意を決して購入するための「おいしそう」「良さそう」「面白そう」「ためになりそう」「楽しそう」などをどれだけ伝えられるかが、商売繁盛につながるのです。

記者に期待を抱かせるプレスリリースを

パブリシティにおいても、自社の技術の高さや、もの作りへのこだわり、社会貢献への意思などを熱く語ることも大事ですが、それよりもまず、「ニュースにしたら面白そう」「記事を読んだら読者が喜びそう」という期待を抱かせるように、プレスリリースではシンプルなメッセージとビジュアルで訴えかけるのが重要です。

8 「報道されて良かった」で終わるな

メディア掲載だけでは売上が上がらない

パブリシティの目的は、単にマスメディアで報道されることではありません。掲載された記事やニュースを活用して、自社の売上や利益、ブランド力の向上に結び付けることです。

もちろん、掲載されただけで売上が上がればよいのですが、そんなに甘いものではありません。新聞なら1日経てば捨てられるし、テレビでは数分の命。雑誌も1週間や1カ月で情報が古くなります（ネットに蓄積されるニュースもありますが、普通そこまで遡って検索する人は少数です）。

掲載されたり放送されたりした事実だけに満足して「気が付いたら、マスメディアであれだけ話題になったのに利益には全然結び付かなかった」という話もよく耳にします。マスメディア報道の効用は、企業の「信用」を高め、その「信用性」を活用できるところにあります。マスメディアに取り上げられるチャンスが少ない中小企業の場合は特に、一度の掲載機会を徹底的に活かさないといけません。

掲載・報道を事前にお知らせする

第1の方法は「掲載・放送される情報を事前に流す」というもの。掲載日・放送される日時が判明しているなら、少しでも多くの関係者にリアルタイムで目にして欲しいものです。事前に知らせておきたい対象は「お客さま」「取引先」「役員・社員」「金融機関」「行政機関」などすべてのステークホルダー（利害関係者）です。

社内に向けての事前PRは、朝礼やグループ内ネット、紙による社内回覧など。主要な取引先など、社外には、FAXやメールでさりげなく「お知らせ」という形で注目していただくようにするのもよいでしょう。

掲載された記事を営業に活用する

第2の方法は、実際に掲載された記事を活用する「事後PR」です。マスメディアという公共性のある第三者によって書かれた記事を見せることで、あなたの会社の商品やサービスの「信用」を醸成するのです。

記事を見せることで一番変わるのは、飛び込み営業（新規開拓）の相手の反応です。今までパンフレットだけを持って訪問していた営業先では門前払いだったとしても、「新聞で紹介されました」といえば少なくとも何割かは確実に話を聞いてくれるようになります。それほどマスメディアの記事というのは、企業や商品に対して信用性を付加するものなのです。

名の知れた大企業ならば会社名だけで信用されますが、中小企業ではそうはいきません。でも、あなたの会社の商品やサービスを取り上げた新聞記事があれば、新規の顧客に対しても自信を持って接することができます。

おおげさにいえば、パンフレットや会社案内がなくても、新聞記事があれば、お客さまに信用していただきながら、商品やサービスの説明をすることも可能になるのです。

新聞記事を使った営業トークを共有しておく

営業に使う際には、営業社員に、その記事をもとにどのような話をさせるかが課題になります。あまり熱心でない社員の場合は「こんな新聞記事が出ました」とさらっと見せて終わりになるかもしれません。

掲載記事の周辺情報も併せて、営業トークの幅を広げられるよう話し方を工夫することで、よりお客さまに共感していただき、信用していただけるのです。

また、社内に掲載記事を流す際に、記事では触れられていない補足事項があれば解説を加えて、社員全員が正しく理解し共有できるように工夫をしましょう。

こうした、掲載された新聞記事を活用した地道なコミュニケーション活動が、信用作り、ブランド作り、そして企業の売上や利益につながっていくことは間違いありません。

＊新聞、雑誌、書籍などの記事を、発行元に無断で印刷物に転載したり、大量にコピーして配布する行為は著作権法違反になる場合があります。発行元に承認を得ましょう。

●――マンナンミールカンパニー（ハイスキー食品工業株式会社）
特許技術から生まれた「珍商品」が飛躍のきっかけ

マンナンミールカンパニー（香川県三木町）は、こんにゃくの加工食品を製造する、社員20人ほどのメーカー。「こんにゃく特有の生臭さを取り除く」「着色する」「食感を変える」などの特許技術を多数取得しています。同社では約10年前からPRに力を入れ、自社の技術力の高さをメディアに発信し続けてきました。

近年では「希少糖」の働きに着目。こんにゃくと希少糖の同時摂取で食後の血糖値上昇が抑制されることを香川大学医学部との共同研究で明らかにし、自社製品に取り入れています。

2015年、こんにゃくと希少糖を原料とした低カロリー・低糖質の〝マンナンあんこ〟を新開発した際には、高松経済記者クラブと業界紙、雑誌等に向けてプレスリリースを発信しました。

まず地元のNHKの記者が関心を持ち、取材して夕方のローカルニュースで約5分の特集として放送。さらに数日後に、東京発の全国ニュースの中でも同じ内容で放送されました。

これを機に、菓子メーカーからの受注など、県外も含めた新たな販路開拓につながっています。

それ以前には「生レバーそっくりのこんにゃく」でテレビ東京・ワールドビジネスサテライトの「トレたま」に登場。これを皮切りに全国のメディアで延べ500回も取り上げられ、年間ヒット商品にランクインした実績もあります。

現在では食品メーカー、健康通販会社、大手商社などから、原料供給の依頼や共同開発の要請が次々と舞い込み、食品業界の中でも一目置かれるニッチブランドを確立しています。

こんにゃく×希少糖

ハイスキー食品が菓子材料

血糖値上昇抑える

年内にも発売

こんにゃく製造・販売のハイスキー食品工業（香川県三木町）は、血糖値上昇を抑える効果があるとされる希少糖を混ぜた菓子材料など向けの商品を開発した。香川大学などが開発した希少糖の一種を加えたもので、年内にも発売する。菓子のほか、ドレッシングやソースの材料として食品メーカーへの供給を目指す。

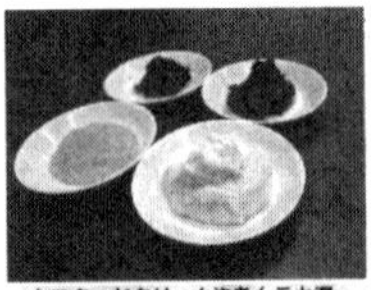

カスタードクリームやあんこと混ぜても、味はほとんど変わらない

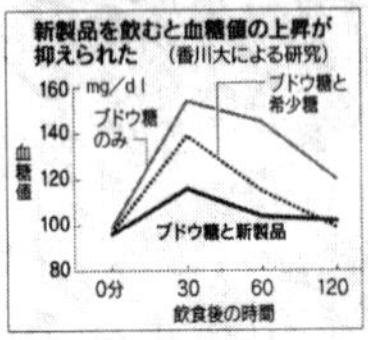

新製品を飲むと血糖値の上昇が抑えられた（香川大による研究）

同社の独自技術でこんにゃくの独特の臭みの原因であるアルカリ成分を取り除いた既存の商品を活用する。香川大と県、松谷化学工業（兵庫県伊丹市）が研究開発に取り組んだ希少糖の一種「Dープシコース」を加えて商品化する。

こんにゃくは食物繊維を多く含み、腸内で糖類の吸収を抑えるとされている。希少糖はデンプンをブドウ糖に分解する酵素の働きを妨げるなどの効果がある。これら2つを併用することで、血糖値上昇を抑える効果が高まるという。

香川大学との研究によると、空腹時の血糖値が正常範囲内の人がブドウ糖と新商品を一緒に飲んだ場合、ブドウ糖のみを摂取した場合に比べて食後の血糖値を低く抑えられたという。

こんにゃくの臭みを抜いているため、他の食品の味や風味を損なわない特徴を持つ。例えば、あんこやカスタードクリームなどに1対1の割合で混ぜても、見た目や味はほとんど変わらない。

ハイスキー食品は健康志向の高まりを背景に、おいしく健康的に食べられる菓子を開発するメーカーの需要はあると見ている。ドレッシングやステーキソースといった調味料としても売り込みを掛ける。

国は4月から、健康に与える効能について事業者が科学的根拠を届け出れば表示できる「機能性表示食品制度」を始める。同社は今後Dープシコースの量を細かく調整するなどを経て、早ければ夏にも同制度の認証を取得する計画だ。

同社は1959年設立で従業員数は25人。牛レバーの刺し身に似た「レバ刺し風こんにゃく」やこんにゃくを使ったカップ麺などの商品群を持つ。2014年8月期の売上高は約5億5000万円だった。

2015年3月18日
日本経済新聞

第2章

埋もれるべからず、出る杭になれ

1 PRの目的は、評判作り

第1章で、地方の中小企業の皆様にPR戦略をお勧めする理由をご理解いただけたかと思います。

それでは、ここから実際に自社ブランド価値を向上させるPRの進め方をご説明していきましょう。

PRの第一歩は目的の明確化

マスメディアを通じたPRの手順。それは、

①PRの目的を定める
②望ましいブランドイメージを明確にする
③メディアの傾向やニーズを把握する
④ニュース価値のあるネタを探す。なければ作る
⑤プレスリリースを書いて、しかるべきメディアに発信する
⑥取材や問い合わせに迅速丁寧に対応する

⑦報道された結果を検証し、④～⑥を繰り返す
単純に言えば、これだけです。

あなたの会社に今、ニュースになる新しいネタがあって、それを適切なツールを使って、適切なタイミングで適切にマスメディアの記者に届けることができさえすれば、高い確率で取材され、ニュースとして取り上げてもらうことができます。

大前提として、PRの目的を決めておかなくてはなりません。「何のためにPRに取り組むのか」。会社の経営戦略を立てる上でも、目的の設定が何より重要であることはご存知の通りです。

目的を間違うと、会社の経営方針や将来ビジョンと社会から見られるイメージがちぐはぐになってしまう可能性があるからです。

PRの目的は「認知度向上」に限らない

PRの目的といえば、「認知度の向上」と考える経営者が多いことと思います。会社の力量を図る指標があるとすれば、「認知度」もそのひとつにあげられるでしょう。顧客に知ってもらわなければ買ってもらえないのは当然なので、どの企業も「認知度」を高める

ために懸命に努力されています。

ただ、ブランディングという面から考えると、「認知度の向上」と「ブランド価値の向上」は必ずしも一致しません。

ＣＭ露出も多い全国チェーンのファストフード店の中には、「ブラック企業」「健康に良くない」「異物混入」など悪評が蔓延している企業もあります。また、今やその名を誰でも知っている某大手家具店は、首都圏以外では「高級家具」というより「親子ゲンカ」のニュースで認知度を高めたにすぎません。

その認知度がプラスのイメージ（信頼感）を伴えば、ブランド価値は向上し、マイナスのイメージ（不信感）を伴えば、会社の衰退を加速させます。

認知度を上げるといっても、やみくもに社名を露出するのではなく「どうやってプラスのイメージで社会に認知してもらうか」というブランド戦略に沿って考えなければならないのです。

ＰＲだけで「売上・利益の向上」は達成できない

また、ＰＲの目的を「見込み客を増やし、売上をアップさせること」と考える企業もたくさんあります。

企業は業績を伸ばしていかなければ生き続けていけませんから、売上と利益の向上によって、営業戦略や人事戦略など多方面の企業活動にプラスの影響が出て、その結果、さらに業績が拡大していくものです。

ただ、実のところ、中小企業やベンチャー企業が目先の売上を伸ばす手段として、プレスリリースを販促チラシの代わりにバラまいて失敗している例がたくさん見られます。

後ほどプレスリリースの書き方の項で解説しますが、企業からの「売り込み」は、記者たちが最も嫌うものです。売り込み臭の強い販促チラシ的なプレスリリースは、即刻ゴミ箱に直行です。目的を取り違えていたら、いつまでたってもメディアが取り上げてくれることはありません。

評判を上げれば、売上は後からついてくる

企業におけるPRの目的を定めるならば、「認知度の向上よりあちら側」にあって、「売上や利益の向上より手前」に位置づけられる「ブランド価値の向上」とするのが一番ふさわしいと考えます。

「ブランド価値」は、言い換えれば「世間の評判」ともいえるでしょう。

「売上は、後からついてくる」。それを信じて取り組んでいきましょう。

2 中小企業のブランド価値は世間の評判

日本に昔からある無形資産「のれん」

「ブランド価値」「ブランディング」という言葉は、マーケティング戦略のひとつとして大手各社がＣＩ（コーポレート・アイデンティティ）を導入した、１９８０年代頃から使われ始めたようです。

当初は、ロゴやシンボルマークなどのビジュアルデザインが中心でしたが、現在は、企業そのものや商品・サービスに対する認知度や良いイメージなども含めた「人々の頭の中に形成される評価」に関することと認識されています。

それ以前には、一般的に「ブランド」という概念は知られていなかったわけですが、日本には昔から、伝統の重みや得意先・世間からの評判などの無形資産である「のれん」というものがありました。「ブランド価値向上」などとカタカナを使うよりも、われわれ日本人には「世間の評判を高める」「のれんの価値を高める」、逆に「のれんを傷つける」といったほうがピンとくるのではないでしょうか。

いずれにせよ、自分たちの「こうありたい」姿をイメージしないままＰＲを展開すると、いずれ必ず、知名度とブランド価値のギャップが生まれます。社会的な知名度が、自社の目指す「ブランドイメージ＝評判」と一致するような「意味のある知名度向上」を目指してください。

「真実味」と「信用度」がブランド価値に直結

テレビを見ていると、弁護士や医師、○○問題に詳しい専門家や評論家が情報番組などにレギュラー出演しています。テレビのギャラはせいぜい数万円。生放送は時間が固定されますし、事前の打ち合わせから収録終わりまで拘束時間は何時間にも及びます。

テレビに出たからといって、急にクライアントが押し寄せてくるものでもありません。彼らの本業の時給でみると、絶対に割に合わないはず。それでも専門家たちは、「テレビ番組に呼ばれるほど有能な弁護士・医者」であり「○○分野のエキスパート」であるという業界内のポジショニングを得る目的でメディアに登場しているのです。

人は、ちゃんとしたマスメディアから流れて来る情報は、おおむね信用します。ということは、テレビや新聞に登場する人や会社は〝それらしく見える〟。極端な言い方ですが、人は「本物に見えれば信用してくれる」のです。

CMや通販番組で紹介される「オススメ商品」と、ニュース番組の中で客観的な情報として報道される「巷で評判の商品」の最大の違いは、この「真実味」と「信用度」です。

縁がなかったところからオファーが来る

マスメディアに取り上げられることで得られる効果は、まずターゲット市場の中で、あなたの会社の評判が高まり、「○○分野のエキスパートであり、信用・信頼に足る会社である」という認識が次第に広がっていくことです。

マスメディアに登場することで、市場・業界の中でのポジションが高まると、それまでまったく縁がなかった方面から声がかかってくるようになります。

たとえば――

「○○という技術を持っておられるなら、当社の△△の開発に協力してもらえませんか?」

「御社の製品が興味深いので、当社の全国の販路を使って売らせてもらえませんか?」

「今年度、県が表彰する『××大賞』の候補に推薦したいのですが」

こうした一つひとつのオファーをきっかけに、新たな出会いが生まれ、まったく新しいストーリーが展開していく。これが、中小企業にとってのブランド価値。必ずしもカッコいいマークやロゴデザインを作ることがブランディングではないのです。

3 PRは社長自身の仕事と考える

理念やビジョンを語れるのは社長しかいない

PRは、長期的視野に立った経営活動の一環です。ですから、トップが先頭に立って自ら動いて行うべきものです。特に中小・ベンチャー企業では、社長が「我こそ当社の広報マン」を自認して実践しなくてはなりません。

経営環境や新規事業、新商品の開発経過などあらゆる案件の情報が集中し、最終判断する立場にある社長こそが前面に立って、自社がどういうビジョンを持ち、どんなことをしようとしているのかを、自ら社内外に情報発信することが大切なのです。

メディアは常に、責任ある発言を求めてトップの登場を期待しています。自ら進んで経営理念や将来のビジョンを語り、自社と商品・サービスのストーリーを一人でも多くの人に知ってもらおうと努力する社長がいる会社は、「社会に対して開かれた会社」「顔の見える会社」という印象を与えるのです。

社長はCIO（最高情報責任者）

ホンダの本田宗一郎、パナソニックの松下幸之助、京セラの稲盛和夫、ソフトバンクの孫正義、ヤマト運輸の小倉昌男、ユニクロの柳井正、ジャパネットたかたの高田明、ZOZOの前澤友作……。

企業のイメージが明確な会社は、トップ（創業社長）が先頭に立って会社の情報発信に取り組むことでブランドを確立してきました。中小・ベンチャー企業は、社長によってブランドイメージが決まるのです。

従業員が数十人しかいない中小企業で、社長が忙しいからといって、役員でもない若い担当者に広報を一任してしまっている会社があります。これは社長がその重要性をわかっていないのか、広報・PRと広告・販促の意味を混同しているかのどちらかでしょう。

広告・販促は部門長レベルでもできますが、広報・PRは社員だけに任せるわけにはいかない経営マターなのです。

人前に出ることが苦手な社長はどうするか

とはいえ、なかにはもの作りや数字の管理は得意だけれど、人前で話したり文章を書いたりすることが苦手な社長や、カメラで撮られるのが極端に嫌いな社長もいます。

苦手、嫌いだからといってこれらを避けていると、社会に対して企業のメッセージがいつまでたっても伝わっていきません。社長がメディアの前に出てきちんとメッセージを伝えていくためには、日ごろから自分の考えを明確に話すトレーニングをすることがとても大切になります。

それが難しい場合は、次善の策として、次期トップ候補となる役員をスポークスマンとしてメディアに登場してもらい、会社の顔に育てていくという手もあります。

社長の情報発信力が強ければ広告・販促は不要になる

突出した技術や商品を持っていて、なおかつ社長の情報発信力が強ければ、メディアからことあるごとに取材要請が来るようになります。ことさら広告宣伝にお金を使わなくても認知度を上げ、社会からの評判を高め、ブランド価値を向上させていくことができるのです。

「世界一小さな歯車」を作った樹研工業（愛知県）の松浦元男社長、「痛くない注射針」の岡野工業（東京都）の岡野雅行社長、「ユートピア経営」で有名な未来工業（岐阜県）の山田昭男社長、「中小企業経営者のカリスマ」といわれる武蔵野（東京都）の小山昇社長。

全国的に話題になり知名度の高い中小・中堅企業は、ほぼ例外なく、社長（あるいは創業者など）が強烈な個性を持ち、ユニークな経営理念と他社にまねのできない商品・サービスを持っています。そして言葉選びのセンスが抜群で、自社の事業内容や経営理論について、マスメディアやｗｅｂ、書籍などさまざまなメディアを通じて積極的に語ります。

そうした活動が全国ネットの「カンブリア宮殿」や「ガイアの夜明け」などのテレビ番組で取り上げられるようになれば、ちょっとした上場企業よりも上を行く知名度とブランド力が手に入ります。

社長自身が発信する情報が、マスメディアを通じて行きわたり始めると、会社のブランド価値を上げ、顧客や取引先を増やし、利益を生み出すことができます。もはや余計な広告費・販促費は不要になってきます。中小企業の経営においてこれほど効率的な取り組みはありません。

ＰＲは「やったもの勝ち」。自分が表に立つことに及び腰の社長は、意識の変革が必要です。

4 PRは走りながら考える

全国ネットのテレビで1分放送されると1200万円？

広報部門の業務の査定などのために、報道記事等の露出効果を具体的な数値で算出する方法について問われることがあります。では、「パブリシティの効果を客観的・具体的に算出する方法」はあるでしょうか？　一言でいうと「今のところ、ありません」というのが、試行錯誤を重ねてきた私どもの経験から得られた答えです。あくまで「今のところ」ですが。

ＰＲ業界では従来、記事を広告と見なして算出する「広告料換算」という方法が多く用いられてきました。企業の広報部門が成果を社内に示すときも、ＰＲ会社が請け負った企業のパブリシティ結果を報告する際にも使われてきました。

たとえばテレビの場合、東京のキー局の番組に15秒ＣＭを1本流したら、視聴率１％あたり約10万円かかります。視聴率が10％の番組なら１００万円前後。ローカル局の場合は15秒スポット１本当たり平均２～４万円前後が相場です。

読売新聞・朝日新聞の広告料金は、全国版の全面で３０００万円前後、日経・毎日・産経はもう少し低くて１５００～２０００万円のようです。

発行部数が20～30万部の地方紙では、１ページ全面で１５０～３００万円、１段あたりでは10～20万円、突き出し広告（５・２５cm×６・６cm程度）なら15～25万円程度が相場となっています。

また、報道される記事は精読率や信頼性が広告より高いですから、同じスペースでもその情報価値は約３倍と言われます（ＰＲ業界での一般的な目安。あるＰＲ会社のレポートではその差7倍としている例もありました）。

ですから、パブリシティの効果を計算するとき、たとえば地方紙の経済面に約５cm×18cmにわたって記事が掲載されたとすると、広告料金に換算すれば30万円。付加価値が３倍で90万円、などということになります。

あるいは、テレビのゴールデンタイムに流れる報道番組の中で1分間取り上げられたら、15秒スポット４本分の４００万円、それに３を掛けたら１２００万円にもなります。

これをＰＲ会社が成果報酬としてクライアントに提示したら、卒倒されると思います。

広告とパブリシティの効果は明確に区別する

そもそもパブリシティは、広告とはまったく性格が異なるものです。企業がメディアの時間や紙面を買い取って、自分の言いたいことを自由に表現できる広告と、報道機関として公共性を持った第三者の視点から「客観的な情報」に変換されて発信されたパブリシティの価値が同じ指標で計れるはずはありません。

その記事が掲載されたことで、商品が売れるようになるのはもちろん望ましいことですが、記事掲載の効果は売上だけでは見えてこない間接的な効果を会社にもたらすのです。

数日間、数週間では実感できなくても、数カ月～数年といったスパンで見れば、マスメディアに頻出するようになると、「新聞記事読みましたよ、海外に進出されるんですね」「この間テレビ番組で紹介されてましたね。あの商品いいですね」「うちのお父（母）さんの会社はすごい」といった、社外の人の自社への評価や口コミ、社員の言動など、自社を取り巻く「空気」が明らかに違ってくる効果が実感できるはずです。

中小企業のPRは、走りながら考える

パブリシティの「効果測定」は困難でも、PR活動の成果を年度比較するのであれば、一年間に発信したリリースの数や、取り上げられた率や回数、メディアのスペース、時間などを単純に積み重ねて比較すれば、ある程度の評価基準とはなります。でもあくまで、「PRの価値は露出量だけでは判断できない」ということを念頭に置いておかなければな

りません。

経営の教科書では、戦略の策定において定量的な目標を明確にして、短期・中期・長期と期間を区切って効果を実証し、見直しを行うこととしています。

しかし、多くの中小・ベンチャー企業は、腰を据えて時間や人手を掛けてまで計画を策定する余裕を持っていません。私は、あまり定量的な目標や期間にとらわれることなく、トップによる即断即決、スピードを重視し「走りながら考える」ほうがベターだと思っています。

短期間で激変する環境に応じて、走りながら戦略を立てては、臨機応変に見直していく。そんな柔軟な対応ができる点が中小企業ならではのメリットではないでしょうか。

5 出る杭も、出すぎれば打たれない

知って欲しければ、大きな声を上げよ

奥ゆかしさは、日本人の美徳です。出しゃばらず、慎ましやかでいることが良しとされ、目立ちたがる人や派手に見える人は陰で悪口を言われたりします。「出る杭は打たれる」ということです。

あなたが大企業の会社員なら、真面目に仕事に取り組んでいれば定年まで安泰でしょうから、目立たずひっそり過ごすのもいいでしょう。大きな組織には、わき役も裏方も必要なのですから。

しかし、あなたが営利企業のトップだったら、そうはいきません。トップが、目立つことを恐れて日陰の道を選んでいては、いつまでたっても従業員たちを幸せにできません。会社は、より多くのお客さまに自社の商品を買ってもらい、より多くの利益を求め続けていかなければ生き残っていけないのです。

「出る杭」こそブランドだ

企業は「出る杭」になるべきです。地下に隠れていては誰も気付いてくれません。いつまでも頭を踏まれ続けます。それでいいのですか？

他の会社が持っていない特許技術、よそではできないサービス、自社だけが使える商標やデザイン、他社にはない歴史や伝統、社長のキャラクター、社内制度……、どんな分野でもかまいません。際立った特徴を前面に打ち出し、同業他社から頭一つ抜け出しましょう。「出る杭」それこそブランドです。

社会的に認められる企業になるために、社会に広く知られる努力をしましょう。自社を知る人が増えると、やっかみや中傷も出てきます。でもそれ以上に、あなたの会社を理解し、信頼してくれる人が増え、ファンやサポーターが増えてきます。

ファンやサポーターは、あなたの会社、あなたのブランドの「信者」と言えます。よく言われることですが、「信」と「者」を並べれば「儲」という字ができます。信者を増やしていけば、会社は儲かるようになるのです。

PRは、信者を増やす布教活動

あなたの会社を知っていただくPRの取り組み、それは宗教の布教活動と変わりません。一人ひとりに宗旨を説きながら地道に信者を増やしていくことにも意味はありますが、より効率的に信者を増やしたければ、イエス・キリストが自身の教えを広めたように、広場に大勢を集めて、そこで説法をするほうが効率的です。

現代において、より多くの人に自社のことを知っていただき、考え方（宗旨）を理解してもらうためには、マスメディアの力を借りるのが一番の早道です。

インターネットの情報伝搬力も飛躍的にアップしていますが、即時性や信頼性という意味でマスメディアを起点にした情報の力は今もなお、他のメディアを圧倒しています。

地元の地方紙に記事が出ただけでも、それは数十万戸に行きわたり、全国紙であれば数百万の人の目に触れる可能性があるのです。全国ネットのテレビだとさらにケタが増えます。

経営不振に陥っていた老舗旅館が、テレビの情報番組で取り上げられて一気に予約が殺到し、穴場の旅館として復活した、というサクセス・ストーリーは、まれにですが本当にあります。

最近人気のマツコ・デラックスさんが番組内で「ここ、行ってみたい」といえば翌日から客が殺到し、「これおいしい！　あたし好き」と言えば、その瞬間から通販サイトがパンクするほど注文が増える、そんなことが起こり得るのです。これほど強力な伝道師はありません（マツコさんは番組内のコメントがほぼアドリブで、褒める時も本音、ダメ出しも本音です）。

経営者なら「出世」しよう

業界や、狭い地域の中だけの噂を気にしていては、全国ブランドにはなれませんし、世界は見えてきません。

出る杭になるには、まずマスメディアに登場して有名になりましょう。世に出ることが出世するということです。大志を抱いている経営者なら、出世しようではありませんか。

やがて「出る杭も、出すぎれば打たれない」という言葉通りになります。

6 彼を知り己を知ればPRは危うからず

「孫子の兵法」はPRにも及ぶ

「彼を知り己を知れば百戦殆（危）うからず」は、戦略・戦術の書として有名な『孫子の兵法』の一節です。

戦いで勝つためには、相手の内情や戦力、規模、過去の戦術などの情報を把握しておくと同時に、自分の持っている資産や戦力の実情についても客観的に正しく理解しておく必要があり、いずれかが不足すれば負ける公算が大きいということです。

これは経営全般について言えること。営業であれば、自社の商品の中身や背景や周辺情報について深く知り、顧客の経営方針やニーズや業績などの情報についても知っておかなくては、商談を有利に運ぶことはできません。

PR戦略も「戦略」というからには、『孫子の兵法』に書かれた闘うための知恵は大いに役立ちます。

マスメディアの本質を知るには、メディアに直接触れること

パブリシティにおいて「彼」とは主にマスメディアで、知るべきことはテレビ・新聞・雑誌などのできる仕組みや現状、そして記者たちのニーズや思考回路です。

インターネットで「プレスリリース」「ノウハウ」などとキーワード検索すれば、メディアの特徴や、それぞれのアプローチの仕方も、居ながらにして大まかにつかめるようになりました。有料のデータベースを使えば、あらゆる新聞の過去に掲載された記事が調査できるようにもなっています。

ただ、インターネットにあふれる雑多な情報を集めて、知ったような気になっても、各メディアの本質や、その時々において求められるものが即座にわかるわけではありません。「彼を知る」とは通り一遍の情報ではなく「本質」を知ることです。「本質」を知るには直接当たるしかありません。

インターネットで最新のニュースがいつでも手に入るようになり、新聞を購読する人は劇的に減り、テレビの視聴率は低迷を続けています。ただ、企業経営者が、まったく新聞を読んでいない、テレビも見ていないとなると問題です。せめて各紙の電子版を購読してニュースを閲覧するぐらいはしておくべきでしょう。また、テレビを可能な範囲でチェックすることも必要です。

ネットがあるからといって、既存メディアの存在価値を否定するような態度をとるべきではありません。

自社について過小評価も過大評価もNG

「己を知る」とは、情報発信する際にカギとなる、自社の歴史や経営方針、商品の開発背景、他社との違い、自社の技術レベル、認知度や業界ポジション、人的リソースの現状などです。

「己を知る」のは容易なように見えて、なかなか難しいことです。人間個人でも、自分が考える自分自身と他者から見たそれが食い違うように、自社の長所や特徴、競争力について、自己認識と第三者の評価が違うことがよくあります。

企業の自己認識には、実力の過小評価と過大評価の両方があり、PRを展開する際にどちらもマイナス要素となってしまいます。

過小評価の場合は「うちなんかがマスメディアで話題になるわけがない」「新聞に載ったら他社に真似されて損をするのでは」と慎重になりすぎて、情報発信に消極的になってしまいます。

過大評価の場合は、自社のオリジナリティや製品において、会社の人が思っているほどの優位性がなく、話題性にも乏しいことが多いのです。

あなたの会社は、具体的に他社と何がどう違うのか、過去の実績や数字で表せる優位性があるのか、自信がある客観的な根拠を揃え、言葉で具体的に説明できるようにしておかなくてはなりません。

7 自社の「データブック」「ファクトブック」を作ろう

記者、金融機関、取引先からの質問に答えられる

前項で「己を知る」と言いましたが、会社設立からの経緯や、具体的な業績の推移、社是・社訓・経営方針、従業員の数、取得特許の数や内容など、記者や取引先の方から「自社のこと」を尋ねられた時に、あなたは即答できるでしょうか？

実際はわかっていても、即座に出てこないこともあるでしょう。記者からの取材を受ける準備として、「自社のデータブック」を作っておくことをお勧めします。

データブックは、財務面だけでなく、会社の沿革や人事面、営業面の動き、業界動向や自社の業界でのポジションなど、メディアの記者から問われる可能性がある内容をまとめた〝外部対策の情報ファイル〟です。このファイルには、社外秘の情報も含まれています。

そして、データブック内の情報のうち、社外に公表できる業績数字や事業内容、従業員の実態などを抜粋してまとめた「ファクトブック」があると、PR面では非常にプラスになります。

「ファクトブック」は、上場企業などの多くが作成しており、取材依頼が入ったらあらかじめ記者にメール等で送っておくか、取材の冒頭に手渡しする場合もあります。最近は、ホームページのメディア向けページからダウンロードできるようにしている会社も増えています。

即座に答えられなかった項目は逐次追加する

記者は、突然電話してきて複雑な問い合わせをしてくることもあります。データブック、ファクトブックが手元にあれば、即座に記者の質問に答えられます。実際に記者からの質問に即答できなかったり、問い合わせに対応できなかったという内容があれば、その都度追加していけばいいのです。

たとえば、業界の他の製品と比べてどうかと聞かれ、答えが具体性に欠けたなと思えば、次はデータを示して証明できるようにするとか、お客さまの声をまとめておくといった対応もできるでしょう。

私は前職の広報課長時代に、メディア向けのファクトブックと、そのもととなる会社のデータブックを作っていました。

記者に手渡しするファクトブックはA4判で8ページ程度。元になるデータブックはA4判のファイルブックに100ページ以上もある分厚いものでした。社長取材の時にいつもこのデータブックを携行し、社長が記者の質問にその場ですぐに答えられるように、あらゆる質問を想定して資料を揃えていたつもりです。

ファクトブックが記者の手元にあると、基本的な会社の情報はそれを見ればわかるので、記者は質問時間が省けますし、広報担当者はデータブックを手元に置いておくと、取材や電話での問い合わせのときに迅速に対応できます。

今はパソコンやタブレット端末にデータベースを入れておき、瞬時に引き出せるようにもできます。当然ですが情報の逐次更新は必須です。

いくつもの取材候補企業があるとき、記者は一番対応が良くてレスポンスの速い企業に決めてしまうことがよくあります。いつ取材や問い合わせが来ても即答できるように、そして記者から選ばれる企業になるために、ファクトブック、データブックを備えておくことをお勧めします。

8 マスメディアの傾向をつかむコツ

できるだけ、生のニュースや新聞記事に触れること

マスメディアの現状を知るには、とにかくテレビ番組や新聞・雑誌に目を通して傾向を把握することが一番です。番組や紙面は「今、社会は何に最も関心があるか」「どんな情報を届ければ喜ばれるか」ということを綿密に考えたうえで出来上がっています。ですから、全チャンネルのテレビニュースや情報番組をチェックしたり、また、地方紙、全国紙、経済紙などの新聞に万遍なく目を通したりすることは、情報発信の準備として欠かせません。

地方では特に、新聞の県版や地方経済面、また、地方テレビ局の平日夕方のニュース番組は、中小企業が最も取り上げてもらいやすい枠なので、必ずチェックしてください。

とはいえ、忙しい企業経営者が毎朝のんびりと新聞を広げたり、テレビ番組をずっと見ているわけにはいきません。

では、効率的にメディアの傾向をつかむコツをお教えしましょう。

テレビはニュース・情報番組を録画して早送りでチェック

テレビについてはまず、毎朝、新聞を読む際にテレビ欄に載っている各局のニュース番組と情報番組の欄を比較して、今日どんなことが放送されるのかをチェックする習慣をつけましょう。番組のタイトルや放送内容で気になるものがあれば、片っ端から録画していくのです。今は同時間帯の番組が同時にいくつも録画できるビデオや、容量の大きいハードディスクが出ていますので、休日など空いた時間にいつでも番組チェックができるようになりました。

録画をお勧めするのは、オンタイムでザッピングしていると、バラエティ番組、気になるニュースに目が留まってついつい時間を浪費してしまうことが多いからです。

私は、3カ月ごとの番組改編時に、NHKを含めた全系列局（岡山・香川では6局）のニュース番組、情報番組を一通り録画して、休日や夜に早送りしながらその内容と、どんなコーナーがあるかをチェックするようにしています。番組内容については、各番組のホームページにも載っていますので、ネットで確認することもあります。

2015年から、民放テレビ局が共同で立ち上げた番組配信サービスアプリ「TVer（ティーバー）」などがあり、オンタイムで見逃した場合に、一定期間（1週間ほど）スマホやパソコンで視聴することもできるようになりました。ローカル番組なども対応が進んでいますので、メディア研究に活用できるはずです。

駅やコンビニでいつもと違う新聞を買って読む

新聞の場合、一般の方が読んでいるのは、自宅では地方紙か全国紙のうち1紙。会社で購読しているのが地方紙と経済紙の2紙、あるいは地方紙と全国紙各1紙と経済紙と業界紙の計3～4紙くらいが平均ではないでしょうか。

大企業の広報部やPR会社では、その地域で発行されている新聞はほぼすべて購読し、毎朝、自社の記事や関連記事をクリッピングしているはずです。当然、当社でも地方紙、全国紙、経済紙、産業紙など10数紙を毎日チェックし、クライアント企業の関連記事が掲載されていれば逐次連絡するようにしています。

人は、自分が購読していない新聞の記事はまったくわからないので、できれば毎週1回でも、定期購読していない新聞を順番に駅やコンビニで買って読み比べ、特に地方面と経済面の記事の傾向を把握しておくことをお勧めします。

雑誌は「dマガジン」でチェック

私が今、スマホのアプリで最も活用しているのが、NTTドコモが提供する雑誌の読み放題アプリ「ｄマガジン」です。国内で人気の高い一般雑誌の200誌ほどが月額400円（2018年8月現在）で読み放題となっています。

ビジネス系で読者の多い「PRESIDENT」「週刊ダイヤモンド」「週刊東洋経済」「日経トレンディ」のほか、テレビを賑わす「週刊文春」「週刊新潮」なども入っていますので、電車での移動中や、手の空いた時間にチェックするには便利です。

ただしこのアプリでは、要チェック記事や主要な記事をさらっと読む程度にしておかないと、時間がいくらあっても足りなくなる恐れがあります。また、「ｄマガジン」の雑誌には一部読めないページもあります。全ページが読める別のアプリや、さらに安くて便利な雑誌読み放題アプリがあれば、どんどん乗り換えればよいでしょう。

記事検索データベース

また、業界他社の研究や、過去の読み損ねた新聞記事が読みたいようなときは、過去数十年の掲載記事を網羅したデータベース「日経テレコン」や「ELNET」などが便利です。年間契約しておくと、過去記事をキーワード検索して原文を読むことができるサービスで、検索回数にもよりますが、中小企業であれば年間数万円程度で利用できます。

また企業情報・業界情報・人物情報や海外情報もワンストップで検索できるサービスが

付いている場合もあるので利用価値は高いです。

メディアのことは記者に聞くべし

しかし何より、メディアのことは記者に聞くのが一番です。読者・視聴者が求める情報や自社のメディアの傾向について、機会があれば記者に直接尋ねてみましょう。

記者との接点の作り方、関係の深め方については第6章でご説明していきます。

9 フロー情報とストック情報

知ってもらうための「フロー情報」、理解・信頼のための「ストック情報」

企業がPRで活用すべき最大の武器は「情報」。ここでいう情報には2種類あります。ひとつは〝フロー情報〟、もう一方は〝ストック情報〟です。

まだ知られていない会社が、広く知ってもらうためには、まずフローの情報をたくさん流し、できるだけ多数の目にふれるように企業名や商品を露出させることが必要です。

そして、信頼を高め、愛着を持っていただくためには、自社のことをより深く理解できる「ストック情報」を提供していかなくてはなりません。

流れて終わりの「フロー情報」から、ネット上に蓄積する「ストック情報」へ

従来、マスメディアで流れる情報は、「知られていないことを知らせる」ためのフロー情報が中心でした。テレビは放送されたその一瞬で終わり。新聞も一日に一回読まれて終わり。次の日は新しいニュースが流れ、新しい新聞が配達されます。

企業イメージやブランドは時間を掛けてじっくりと醸成されるものですから、フロー情報だけではなかなか構築できません。だから、企業はかつて新聞やテレビに大量の広告を流し、次から次へと同じメッセージを発信し続けなくてはならなかったのです。

今は、会社の情報をいつでもストックしておける自社webサイトがあり、常に最新情報を加えながら、過去の情報をアーカイブ（書庫）として保存できます。ファクトブックや、過去に発表したプレスリリース、新聞や雑誌で掲載された記事、自社の社内報やニュースレター、折々のイベントなどの写真もまとめて保存し、web上で見られるようにしておけば、いつでも自由に閲覧・利用してもらえます。

webサイトにストックした情報を誰もが活用可能に

「ストック情報」は、自社のことを理解・信頼していただくために不可欠な要素です。

企業のwebサイトを、ストック情報の必要な人がいつでもアクセス可能な状態においておくツールとして活用しましょう。

社長の顔写真やプロフィールから、役員の氏名、会社の沿革、社名やマークの由来、社是や経営理念、独自の技術、商品ラインナップ、年度方針や中期計画、従業員数や主要取引先、業界の動向などなど、機密事項を除いて外部に出せる基本情報は、すべてファクトブックに収めると同時に、自社サイトの中に盛り込むといいと思います。

PRを始めると同時に、webサイトの充実にも着手を

企業を取り巻くステークホルダー（利害関係者）は、お客さまだけではありません。取引先、金融機関、行政機関、学生、従業員の家族などあらゆる方面に存在します。新聞記者やテレビの制作スタッフもそうです。

そんな方々が、あなたの企業に興味を持ったら、まずインターネットで検索し、どんな会社なのかを確かめようとします。その際webサイトの中に企業の情報が整然とストックされ、企業の顔が見えて、会社の考え方がきちんと示されていたら、自然と理解度が深まり、信頼度が増してきます。

地方の中小企業のホームページを見ていると、いまだにホームページが出始めた頃と同

じような、会社案内と商品の紹介など5ページ程度で終わっているものがたくさんあります。

少なくとも、限られた地域やカテゴリーでシェアナンバーワンになろうと思うのであれば、他社よりも抜きん出た情報量を自社サイト上にストックし、広く提供することが必要です。

ＰＲに取り組むのと同時に、自社ｗｅｂサイトの見直しにも着手してください。マスメディアの記者たちが必要としている情報が過不足なく盛り込まれているかをチェックし、不足していると思えばさっそく追加して、ストック情報を充実させてください。

街のケーキ屋さんから全国ブランドのパティスリーへ

菓子工房ルーヴ

菓子工房ルーヴ（株式会社ルーヴ　高松市）は、1978年に商店街の小さな店からスタートしました。和・洋焼き菓子の製造・販売のほか、ウェディングケーキなども数多く手掛け、地元で着実にファンを増やしながら店舗を増やし、2018年に40周年を迎えました。

同社が全国に知られるようになったきっかけは、2004年、テレビ東京系の番組「TVチャンピオン・ケーキ職人選手権」で超豪華な創作ケーキを披露して2連覇したこと。その後もロールケーキの日本一を決める「ROLL-1グランプリ」優勝など、高い製菓技術を持つパティスリーとして、全国的に「知る人ぞ知る」存在となっています。

同社は2014年に、洋菓子店としては国内でも珍しいお菓子の研究開発拠点、「ルーヴ菓子創造研究所」を設立。和三盆糖、いちご、希少糖など香川県産の素材を使ったスイーツ、管理栄養士などとコラボした糖質制限ケーキ、アレルギーの子どもたちのための菓子の開発や、原料小麦粉の100％国産化など、次々と時代に即した研究テーマを掲げ、斬新で健康的な未来型スイーツを提案し続けています。

ニュース性のある取り組みに際しては、必ずプレスリリースを発信し、メディアに露出し続けています。これほど新しいテーマに果敢に挑戦し続ける地方のパティスリーは、全国でも少なく、ニュースネタに事欠きません。

同社は、全国的にも話題性の高い洋菓子店ですが、そこまではいかなくても、ケーキなど食べ物系のネタは視聴者や読者が求める「普遍的」な話題として取り上げられやすいのです。

季節の話題や時事ネタに合わせ、際立った商品をメディアに提案すれば、テレビを含めて地域でのニュース獲得は難しくないでしょう。

人あり

人生変えた生クリーム

創業40周年を迎える菓子工房「ルーヴ」社長 藤井《ふじい》 二郎《じろう》さん 70

来年4月に創業40周年を迎える「菓子工房ルーヴ」（高松市）。かつて高松ライオン通商店街で産声を上げた小さな菓子工房は、香川を代表する「ケーキ屋さん」に成長した。

「無我夢中の日々だった。ただただ、お客さまやスタッフに恵まれ、取引先にも尽力してもらったおかげ」と控えめに語る。

1947年、さぬき市の日本料理店の次男として生まれた。幼い頃から食べ物に興味があった。

60年代、ケーキはバタークリームを使うのが一般的だったが、冷蔵技術や交通網の発達に伴い、次第に生クリームが使われるように。関西の料理専門学校生だった19歳のとき、スポンジに生クリームを塗った本格的な洋菓子に出合った。

一口かじる。「今まで食べた中で一番おいしい。自分でも作ってみたい」。おそらく、今では当たり前のケーキ。それが藤井さんの世界を変えた。

専門学校を卒業後、すぐさま業界に足を踏み入れ、兵庫や大阪の洋菓子店で計10年間修業を積んだ。次第に「自分の作りたいものを作りたい」という気持ちが強くなっていき、30歳で香川に戻った。

創業時の看板を前に思いを語る藤井さん（高松市で）

意気揚々と高松ライオン通商店街に店を構えたものの、周辺に競合相手も多く、当初は思うように売り上げも伸びなかった。「減っていく預金残高に恐怖を感じました」と振り返る。

苦しい中でも、「おいしいものは、おいしいものからしか作れない」という思いで素材選びにはこだわり続けた。

地道な作業が少しずつ認められ、店が軌道に乗り始めたのは、開店から1年たった頃。約10年後には高松市役所近くに2店舗目を開いた。

現在は高松市内3店舗のオーナーとなり、製造現場からは一線を引いたものの、定期的に各店舗に立ち寄る。「現場にはお客さまや販売員らの言葉がある。実際に姿を見てそんな声に耳を傾けることが、全ての答えにつながる」と言う。

40周年に向け、工房で販売員やパティシエら約10人からなるプロジェクトチームを作った。なじみの顧客には懐かしいマドレーヌを再び並べたほか、高級素材をふんだんに使ったパウンドケーキなどを売り出した。来年いっぱい、記念商品を開発するつもりだ。

「お客さまの変わらない笑顔のために、私たちは変わり続けていきたい」。古希を迎え、ケーキへの探求心が尽きることはない。（猪股和也）

メモ　社名はドイツ語の「ライオン」。初めて工房を開いた場所からとった。資本金1000万円。夫婦２人で創業し、現在は従業員約60人を抱える。豊島（土庄町）の再生活動に取り組むＮＰＯ法人「瀬戸内オリーブ基金」の支援活動にも参加。商品などの問い合わせは同店（087・869・7878）へ。

様々なケーキが並ぶルーヴのショーケース（高松市で）

2017年7月6日　読売新聞

第3章

メディアが歓迎する ニュースネタの見つけ方、作り方

1 記者に喜ばれるニュースの「ネタ」とは？

マスメディアデビューは難しくない

「うちのような小さな会社にマスメディアが取材に来るはずがない」。

もしあなたがそう考えているなら、それは残念な思い込みです。マスメディアに取り上げられることはまったく難しいことではありません。

地方の中小・ベンチャー企業であっても、一発面白いネタがはまれば、全国ネットのマスメディアに大きく取り上げられることも夢ではありません。また、地元のマスメディアに直接働き掛ければ、わりと高い確率で取材してもらうことができます。しかし、PRを経営戦略の一環として、継続的にさまざまなメディアに露出していくのは容易ではありません。

たとえばお笑い界でも、「一発屋」はごまんといますが、テレビにコンスタントに出続けている人はほんの一握り。今年ブレークして流行語大賞候補に名前が挙がっても、2年後までテレビに出続けている芸人はそのうちわずかです。常にウケる新ネタを生み出せるか、お決まりのネタで新しい笑いを引き出せるか、ネタ以外の話術があるか。そんな才能と運を併せ持った芸人だけが生き残るのです。

中小企業も、PRに取り組むのであれば、一瞬輝いて消えるのではなく、地道に露出し続ける企業になってほしいと思います。

パブリシティでメディアに取り上げられるには、お笑いと同じく「ネタ」が大事です。第3章では、PR戦略のキモともいえるニュースネタの探し方、生み出し方を解説します。

「ネタ」は物事の一番大事な部分

「ネタ」の語源は、お寿司でご飯と一緒に握る具材のこと。元々は「種（タネ）」と呼ばれていたものを、江戸時代の粋人たちが面白がって逆さにした隠語が定着したようです。

ネタは「種」、すなわち「物事の一番大事な部分」の意味で使われています。「手品のタネ」「漫才のネタ」も同じ。「タネ」「ネタ」どちらでもいいのですが、ニュースの場合は「ネタ」と言われることが多いので、ここでも「ネタ」と呼びましょう。

芸人やお寿司屋さんが、お客さんを喜ばせられるネタを提供できなければ流行らないのと同様に、マスメディアに良いネタを提供し続けなければ、PRを成功させることができません。

喜ばれるネタは「新鮮さ」「おいしさ」「珍しさ」「うんちく」

お客さまが喜ぶ寿司屋、そして寿司ネタの条件は「新鮮さ」「おいしさ」「珍しさ」「（いつも食べている）安心感」「（産地や旬などの）うんちく」などが揃っていることでしょうか。

実は、マスメディアの記者が喜ぶネタの条件もお寿司と一緒で、「新鮮さ＝新規性」「おいしさ＝話題性や社会性」「珍しさ＝独自性」「安心感＝普遍性」「うんちく＝ストーリー」などの要素があることです。

ニュースは「ＮＥＷＳ」、すなわち「最新情報」です。新鮮であればあるほど価値が高い。もう何日も前に起こった出来事や、インターネットで広まっているような陳腐化した情報には値打ちがありません。

おいしさは、話題性や社会性につながります。「おいしいニュース」とは、そのニュースを起点に世の中の話題として波及する力があり、同時に社会的な影響力の強さを持っているニュースのことです。

マスメディアには「特ダネ」という言葉があるように、他社がまだ報じていない自社だけのニュースネタを重視する傾向があります。誰も食べたことがない珍しいネタには、思わず手が伸びるのです。

新しさや珍しさが喜ばれる一方で、寿司で言えば「まぐろ」「えび」「玉子焼き」みたいに、「安心感」のあるネタも必要です。特ダネにはならないけれど、誰もが安心して受け入れられる、わかりやすいニュースのことです。

そして、寿司屋の職人がカウンター越しに語る「カンパチはなんでカンパチと呼ばれるか」とか「今が旬の車えびは瀬戸内海で獲れたのが一番うまい」など、そのネタについてのうんちく話に思わず耳を傾けるように、ストーリー性のあるニュースは読者・視聴者を惹きつける力がより強まります。

あなたが寿司屋の主人になったつもりで「新鮮で」「おいしくて」「珍しくて」「安心できる」、そして「ストーリーを語れる」ネタを数多く揃え、いつでも記者に対して「今日はいいネタ入ってるよ」と言えれば、記者があなたの会社の「常連さん」になってくれるのは間違いありません。

そうすると、あなたの会社の評判は高まりお客は増え、マスメディアの記者たちは良いネタを探し回る苦労が減り、読者・視聴者は知って得する情報が手に入るという、トリプルＷＩＮの関係が生まれていくのです。

2 ニュースネタとなるための三原則

前項で取り上げた、お寿司のネタの話を具体的にPRに落とし込んで考えてみましょう。

「新しいこと」だけがニュースではない

記者たちは毎日、次にどんな記事を書こうかと悩んで過ごしています。記者たちが興味を持ち、喜んで取材したいと思うネタは、どんなネタなのでしょうか。

当然ながら、ニュースとして取り上げられるには、「新規性」つまり新鮮な情報であることが求められます。とはいえ、記者が興味を持つネタは、まったく誰にも知られていない、新しいものだけとは限りません。

警察担当の社会部記者や、日々の政治の動きを追いかける政治部記者は、常に誰も知らない新しい事実を重視します。

一方、企業や地域の話題を主に取材している経済担当や生活情報担当の記者たちは、斬新なニュースばかりでなく、最近の風潮や、ストーリー性のある個人の人生、珍しいイベントなど、いろいろな切り口で深掘りすることで興味深い記事になるようなネタを探していることも多いのです。

企業が発信する情報も、商品やサービスの新発売のネタだけでなくても構いません。もっとさまざまなネタを、切り口を変えてどんどん提供していけば良いのです。

ただし、マスメディアに取り上げられるためには、次の条件を満たしていなければなりません。その条件とは、「社会性」「普遍性」「適時性」の3つです。

その1 「社会性」

マスメディアは「社会の公器」です。ですから、そこで報道される記事は、広く一般の人々に関わる「社会性」があることが不可欠です。

経営者はとかく「自社・わが社」を主語にしがちなのですが、PRでは「社会」を主語に置くことがカギです。「男女共同参画が社会的に求められている今、当社は社内を改革する」「老人介護費が国家財政を圧迫しているので、当社は健康寿命を伸ばすための製品を開発した」のように、「社会」の視点を前提にして自社の情報を提供するべきです。

取材されるには、自社の商品やサービスの発表も、「いかに売れるか」ではなく「いかに社会に役立てるか」というストーリー構築が大事になります。社会動向を踏まえて、求められている情報を発信している企業にメディアは注目するのです。

その2「普遍性」

テレビや新聞は、さまざまな年代の幅広い階層の人々に情報を届けるためにあります。特定の分野に特化した「業界紙・専門誌」や、狭いターゲットを対象とした雑誌は除き、NHKや民放テレビ、一般紙や地方紙などは、視聴者・読者のできるだけ幅広い層に役立ち、得になる情報、つまり「普遍性」を重視します。

また、「普遍性」には誰もが理解しやすいという意味もあります。一般に地方紙や全国紙の記事は、「中学生や高齢者が読んで理解できるレベル」を前提に、文字や言葉の言い回しを工夫しているといいます。

ですから、企業が出すプレスリリースに、あまりに専門的すぎてわかりづらい内容や、カタカナ語や専門用語ばかりが並んでいると、記者が最初から敬遠して取材対象にならない場合が多いです。

新聞記事やテレビのニュースで、「半導体」よりは「季節のスイーツ」、「金融情勢」よりは「芸能人のスキャンダル」が多く流れるのはそのためです。

あなたの会社が開発した商品やサービスが高度なものであって、難しい専門用語やカタカナ語を使わなくては説明しづらい場合も、プレスリリースでは極力、身近な例に落とし込み、平易な言葉に翻訳してわかりやすくすることを心掛けてください。

その3「適時性」

ニュースは「今を伝えるもの」でもあります。「適時性」は、言い換えれば「時代」「季節」「ブーム」「旬」「記念日」などがキーワード。今だからこそ取り上げられるべきタイムリーなネタは、逆に言えばタイミングを逃すとニュースにならなくなるネタでもあります。

記者たちは、記事を書く時「これは、今書くべきネタなのか？」「今、放送する必然性は？」などと自問自答を繰り返しています。

企業の側も、情報を発信する際、「なぜ、今なのか？」「なぜこのタイミングで発表するのか？」という必然性を説明して、記者からの納得を得るようにしてください。

3 ニュースネタの探し方① 7つのキーワード

「新」「初」「特」「最」と「驚」「珍」「感」

私の経験上、ニュースになるネタには、次の7つの漢字が意味する要素のいずれかが含まれているように思います。「新」「初」「特」「最」と「驚」「珍」「感」の7つです。リズムが良いので呪文のようにして覚えられるでしょう。

前半の4つは左脳に訴える「具体的事実がニュースであるネタ」、後半の3つは相対的・感覚的なモノサシで、右脳に訴える「心情を揺さぶり、誰かに伝えたくなるネタ」です。

それではひとつずつ解説していきましょう（**表3－1**）。

【新】

文字通りニュースそのものです。新しい情報には人々の興味が集まります。新商品発売、新技術開発、新店舗オープン、新規事業展開など「新」の付く物事は、少なくともニュースの要素を備えていると言えます。

ただニュースは生もの。賞味期限が短いので、発表時点ですでにどこかのメディアに取り上げられたり、販売開始後だったり、広告が出ていたりすると一気にニュース価値が下がります。さらに値打ちのある追加情報がなければ、取材されることは難しいと言えます。

【初】

「初日の出」「初がつお」「初節句」……。

表３－１　ニュース作り　７つのキーワード

新！	新発売、新発見、新記録、新ブランド、新事実…
初！	世界初、日本初、業界初、男性用初、初披露…
特！	特別、独特、特産品、特異性、特殊、特有…
最！	最大、最小、最多、最少、最長、最短、最新、最古…
驚！	サプライズ、衝撃、驚愕、ハッとする、奇想天外…
珍？	珍しさ、面白さ、意外性、微笑ましさ、一風変わった…
感！	喜怒哀楽、観劇、感動、共感、魂が震える、心を打つ…

人は「初もの」には興味を持つものです。世界初、アジア初、日本初の製品やサービス、技術などを発表すれば、文句なくニュースになるでしょう。

さらにもっと範囲を狭めて、「〇〇地方では初めて」「△△県では初めて」「□□エリアでは初めて」などでも、その地域のローカルニュースとしては価値があります。

また、カテゴリーを区切って「〇〇業界で初めて」「大人用はすでにあるが子ども用は初めて」「屋内用はあるがアウトドア用は初めて」などの切り口でもニュース価値を作れます。

【特】

「特別」「独特」「特産品」「特異性」「特殊」「特有」……。

他とは違う特別なことがある。いつもとは違うスペシャルなことが起こる。他にはない特殊なやり方でする。

ヒト、モノ、カネ、時間、場所、理由、方法など、いずれかの要素が普通でないときには、人の目を惹きつけるニュースネタになり得ます。その中でも他に例がない「オンリーワン」なら、さらにニュース価値が上がります。


【最】


「最」は最も、一番、極みということ。ナンバーワンです。世界最速、世界最小、世界最古、世界最長……など、世界で「最」の付く記録を集めたものが「ギネスブック」。「長さ」「高さ」「大きさ」「期間」「時間」「重さ」「人数」……。どんな尺度でも、その両極端に当たればギネスブックに載ることもできますし、ニュース価値があります。

ギネスブックの認定に挑戦するというイベントが各地で行われていますが、地方紙の地域ニュースやローカルテレビのニュースなどで高い確率で紹介されるネタだからです。

ちなみに、上記の「特（オンリーワン）」と「最（ナンバーワン）」のネタの発表には、「本当に他に事例がないのか」「本当に一番なのか?」など記者からの質問が来る可能性が高いです。客観的な指標に基づく記録やデータを示して、証明できなくてはなりません。

絶対的な確証はないが、独自調査の範囲で「日本初」「最新」だと推察できる場合は

「当社調べ」という断り書きを加えたうえで発表することも可能です。

【驚】

「アッと驚く」「驚異の」「超弩級の」「ビックリ仰天の」「衝撃の」など、強烈なインパクトのある性質を持っている物事です。

一瞬の驚きの度合いが大きいほど、ニュース価値は高いです。文字だけではリアルに伝えにくいため、実際の写真や動画で示すことを求められます。新聞よりもテレビ向きのネタといえるでしょう。

【珍】

事例や前例が極めて少なく、あまり目にすることがないこと。

「業界では珍しい」「この季節にしては珍しい」「奇妙な光景」などのネタです。その根拠には「初」や「最」のような厳密さは求められません。一般の常識からズレた「違和感」が、話題を誘うニュースのフックとなります。

また、驚くほどではないが、「両足で立つレッサーパンダ」「珍しい形をした岩」「奇妙な踊りをする村祭り」など、風変わりで奇抜な、ちょっと笑える物事もネタになりえます。

【感】

「感動」「感激」「感心」「愉快」「熱狂」「興奮」など。

「逆境を乗り越え勝利をつかんだ選手」「社員と子どもの温かい心の絆」「聞くだけで涙が出る悲しい話」など、人の心に訴えかける人間模様は、ニュースになります。

背景にいろんなストーリーがあり、取材を重ねるごとに新しい物語が出て来るのも、「人の心」という切り口ならではです。

4 ニュースネタの探し方② ネタになる企業活動

第1項で挙げた「社会性」「普遍性」「適時性」の原則を踏まえて、前項で挙げた7つのキーワードに、自社の企業活動を掛け合わせてみると、発信できるネタが見つかります。

経営戦略をニュースにする

中小企業であっても、独自の経営理念・経営方針・経営戦略のもとに事業を進めているでしょう。新しい経営計画、サービスエリア拡大、M&A、業務提携、工場建設、価格改定などが、社会が注目すべきものであればニュース性があります。

事例①

電設資材メーカーの未来工業㈱（岐阜県／山田昭雄社長）は、年功序列・ノルマ無し・残業禁止・年間休日140日・育児休暇3年など、社員を大切にする施策のオンパレード。「ブラック企業」が社会問題として取り上げられるたび、真逆の「超ホワイト企業」の実例として名前が上がります。

技術力をニュースにする

勝ち残る中小企業は、技術面の優位性を持っている場合がたくさんあります。画期的な研究成果、真似できない特許技術、特殊な技術やデザインなどの強みは、自社のブランディングに結び付けられます。

「きっかけ」から「開発成功」までの失敗談や苦労話が、よりストーリーに深みをもたらします。

事例②

アルミ加工の㈱入曽精密（埼玉県入間市／斎藤清和社長）は、1辺が100マイクロメートルのサイコロなど、超微細精密加工品の量産技術を確立しました。これまでも超微細精密加工のアルミ製バラの花や、アルミ削り出しのミニカーなどをPR用に製作して、自社の金属微細精密加工技術の高さをアピール。

主に工業系の専門紙に継続的に取材・報道され、F1用のエンジンや人工衛星部品などにも応用され引き合いが増加しています。

商品・サービス、販促戦略をニュースにする

画期的な商品、ユニークなネーミング、アイデアあふれるサービスなど、実際の市場でお客さまと関わる物事がニュースになれば、直接売上につながっていきます。

事例③

農業・土木用資材運搬車や草刈り機メーカーの㈱筑水キャニコム（福岡県うきは市／包行良光社長）は、乗用草刈り機に「草刈機MASAO」、電動アシスト三輪車に「三輪駆動静香」など、ユニークな駄洒落ネーミングを連発し、日刊工業新聞社の読者

が選ぶネーミング大賞を7年連続受賞。

ネーミングで目立ってメディアで認知度を上げる作戦で、国内はもとより世界40カ国へ顧客のすそ野を広げています。

人事・組織をニュースにする

業界でも珍しい人事・給与制度や社員研修、福利厚生、採用活動、入社式など、ユニークで画期的な社内の取り組みは、他社の経営へのヒントとなります。

事例④

ゲーム・広告・web制作会社の面白法人カヤック（鎌倉市／柳澤大輔CEO）は、サイコロを振って出た目で報酬が決まる「サイコロ給」、ゲームの上手さで内定を出す「いちゲー採用」など、ユニークな社内制度や採用方式が次々とメディアで紹介されています。文字通り、面白い人材を集めて業績を伸ばし、設立14年で東証マザーズに上場しました。

図3－1　ニュース発信のネタ

商品サービス	新製品発売、新作発表会、展示会・イベント、新サービススタート、新技術導入、販促キャンペーン、商品拡充、販売強化、値上げ・値下げ、限定商品販売　など
経営・戦略	経営計画、決算、組織改革、販売実績、特許取得、受賞、新事業、業務提携、社長交代、合併、M＆A、首都圏進出、海外進出、工場新設、本社移転、ライセンス供与、福利厚生、社内制度、アンケート調査　など
社会貢献	寄付、ボランティア活動、基金創設、○○ミュージアム開設、スポーツ、産官学連携　など
社員・ひと	社長、役員、社員・家族、趣味、私生活　など

行事・イベントをニュースにする

10周年、20周年などの記念事業、新社屋や工場の設立、国や県からの表彰受賞などは、ステークホルダーに知らせるべき誇らしいニュースです。スポーツイベントや地域の子どもたちとの交流会、ボランティア活動など、地域社会への貢献を示すようなCSR活動も発表していくべきネタとなります。

事例⑤

さぬきうどんの本場香川県の製粉会社、吉原食糧㈱（坂出市／吉原良一社長）。地元・業界での認知度向上と地域活性化のため、２００７年から独自イベント「さぬきうどんタイムカプセル」を毎年秋に開催しています。

大正時代の古い文献にあるうどんと、同社

が新開発中の近未来のうどんを食べ比べるというコンセプトが受け、毎回1000人以上の来場者と5社を超えるテレビ、新聞社が訪れ、地元の秋の風物詩になっています。

このように、ニュースになるネタは、商品・サービスそのものだけではないということがおわかりいただけたでしょうか。自社の取り組みをニュースにするために重要なことは、メディアと読者・視聴者がどんな情報に興味を持つかを察すること（図3-1）。

そして真の狙いは、目先のメディアに取り上げられることではなく、記事やニュースによって社会の多くの人の心を引き付け、長期的なビジネスの成長につなげていくことです。

5 ニュースネタの探し方③ 時間軸で探す

マスメディアのニュースは、「今を伝える」もの。

ニュースには、必ず時間軸での切り口があるのです。逆に言えば、時間軸から考えると、ニュースになるものが見えてきます。

ニュースの時間軸は、大まかに「長期トレンド」「中期トレンド」「短期トレンド」に分けられます（ニュースのトレンドは株式市場の用語とはスパンの捉え方が異なります）。

長期トレンドは社会の課題

長期トレンドとは、社会のあり方を形成する自然や経済などの「数年から数十年にわたる時代の波」のことです。いま注目されるキーワードとしては以下のものがあります。

地球温暖化、資源や食糧の不足、少子高齢化、東京一極集中、グローバル化、高度情報化、自然災害の多発、家族のあり方の変化など、中には良い意味の変化もありますが、それ以上にわが国や人類の将来に関わる大きな課題が多いです。

それらの課題解決に向けて中小企業が頑張ったとしても「ハチドリのひとしずく」でしかありませんが、その取り組みは自社の経営哲学やビジョンを伝える強力なメッセージになります。こうした長期的トレンドに関わるネタは、発表のタイミングを選ばなくても話題にすることができます。

事例①

ＦＲＰ（繊維強化プラスチック）製品メーカーの㈱光レジン工業（東京都日野市／大野仁生社長）は、２０１６年に防災・救命シェルターの事業を拡大すると発表しました。

押し入れに収納でき、４人まで入れる津波シェルターは、家が倒壊して津波に流されても大丈夫な設計。

今後、どこかで地震が起こるたびに注目されメディアに紹介され続ける可能性がある、息の長い製品です。

中期トレンドは流行やブーム

中期トレンドとは、数カ月～数年で移り変わるもので、世の中の「流行」や「ブーム」を言います。ファッションやエンタメ系でヒットしているものや、グルメ、健康法、観光スポットなど注目が集まっている物事には、多くの人が関心を寄せます。

また、景気の好不況、政治情勢、オリンピックやワールドカップなどのイベントのほか、税制改正や法律の改正による社会ルールの変化も見逃せません。

こうした「流行」や「ブーム」をいち早く察知し、悪く言えば「便乗する」、よく言えば「チャンスを生かす」ことによって、大量のメディア露出を獲得することができます。

事例②

大学誘致にまつわる政治問題から２０１７年の流行語にもなった「忖度」。

この言葉がメディアに載ると同時に、㈱へそプロダクション（大阪市）が商品化を進めた「忖度まんじゅう」は、発売と同時に日本中のメディアに取り上げられ、瞬く間に大ヒットしました。

流行語大賞の授賞式に社長が招かれるなど、「忖度」といえば「まんじゅう」として定着したのは記憶に新しいことでしょう。

短期トレンドは、今しかない「旬」

短期トレンドは、「旬」とも言えます。季節の変わり目や二十四節季、国民の祝日や記念日、クリスマス、バレンタインデーなど、その時が近づくとにわかに注目が集まり、旬を過ぎると途端にニュース価値がなくなるのが特徴です。

自社の商品やサービスが、今から来る旬の話題や季節の話題に結び付けられないか、いつも頭の中で考え続けていると、ＰＲの瞬発力が高まります。

【季節】

春・夏・秋・冬、卒業、入学、お花見、就活、ボーナス、お中元、夏休み、台風、インフルエンザ……など「〇〇シーズン」と呼ばれるもの。四季の移り変わりを肌で感じる日本人ならではの感覚があり、これらの時期に合わせて発売する商品や販売キャンペーンなどは定番のネタです。

【記念日】

成人式、ひなまつり、子どもの日、虫歯予防デー、終戦記念日、敬老の日、体育の日、ハロウィンなど、記念日にまつわる特別な商品やサービスの提供、調査の結果発表など、記念日はPRのチャンスとなります。最近は企業や業界で独自に記念日を制定して啓発事業や販売キャンペーンなどに取り組む例も増えてきました。

事例③

山陽学園短期大学（岡山市）の看護学部の学生が、付属幼稚園の園児に歯磨きのコツを教える様子が、岡山県の新聞やテレビで取り上げられました。虫歯予防デーである6月4日に行うことと、「学生と子どもたち」という組み合わせはメディアを招くのに最適です。

この手法の弱点は、他の学校や企業でも真似ようと思えば翌年からすぐ可能なこと。回を重ねるにしたがって、ヒネリが必要になってきます。

6 ニュースネタの作り方① ネタ作りのヒント

メディアによく顔を出している企業は、大企業であれ中堅・中小であれ、あの手この手でネタをひねり出しています。その手法はさまざまですが、どういった発想法があるか、実例を交えてあげてみましょう。

キリ番をお知らせする

プロ野球選手の2000本安打、芸能人の芸歴50周年、歴史上の人物の生誕300年、明治維新150年など、キリの良い数字はおめでたくもあり、人々の関心を集めます。

地方の中小企業でも、○○周年の節目や、商品の累計出荷数量、年間売上記録、会員の数などの実績がキリの良い数字になった時には広くお知らせする価値があります。その数字にちなんだイベントやプレゼントキャンペーンを行うことで、露出量も増やせます。

事例①

㈱王将フードサービス（餃子の王将）が、2013年に全国の店舗で1日の餃子売上個数が200万個を達成した時、翌週から餃子を買うと200円の割引券をプレゼントするキャンペーンを行い、CMのキャッチフレーズも「餃子1日100万個」から「200万個」に変更。

この一連のニュースがメディアを賑わせました。

地元の大学・高校と連携する

地元の企業と学校。双方が連携して研究し、地域社会に役立てる取り組みは公益性があり、地元メディアが力を入れて取材・報道しやすいネタといえます。

事例②

香川県の名産品である松の盆栽を県外にアピールしようと、香川大学経済学部のゼミ生が結成した「Bonsai☆Girls Project」。高松市内の事業者が盆栽の栽培や管理などのノウハウを伝授し、学生たちがワークショップの開催や、SNSで盆栽の魅力を伝える活動をしています。

また、高松工芸高校デザイン科の生徒たちは、盆栽事業者と連携して盆栽のキャラクターを考えたり、校内の工芸展（文化祭）で盆栽を展示するなど、地域産業の振興で協力しています。

それらの動きを、地元のテレビ局がニュース番組内でシリーズ化したり、各新聞も折に触れて報道しています。

トレンドにあやかったダジャレでユルネタを作る

ダジャレは、面白くなければ「オヤジギャグ」と言ってバカにされます。でも、世間から白い目で見られる覚悟でネタにしてみると、メディアには案外ウケるものです。

特に、トレンドになっている物事にあやかったダジャレでネーミングやキャッチフレーズを付けたものは、そのまま見出しに使えるので、採用率が高いです。

事例③

2009年の春、政府が緊急経済対策として国民全員に1万2000円の「定額給付金」を配ったことがありました。

その年のゴールデンウイーク、高松自動車道の津田の松原サービスエリアの出店事業者の組合が、販促策として一律50円のサービス券を「低額給付券」と名付け、「わずかではありますが……」と遠慮がちに配布。プレスリリースを発信したところ、地元や関西のテレビが報道。ちょっとしたダジャレが大型連休の話題作りにつながりました。

女性・赤ちゃん・動物にフォーカスする

広告の世界に「3Bの法則」という言葉があります。美人（Beauty）、赤ちゃん（Baby）、動物（Beast）を使うと広告効果が高まるというものです。実はPRやwebにおいても「3Bの法則」は極めて有効で、女性、子ども、動物を絡めればメディアに報道されやすいと言えます。

事例④

岡山市のバス会社を中核とする両備グループ。

全国的に話題になったのが、グループ会社である和歌山電鐵・貴志駅の猫駅長「たま」。初代「たま駅長」は国内外からファンが訪れるなど大人気となり、貴志川線を廃線の危機から救いました。

「たま」は2015年に死にましたが、同グループでは、たまの人気にあやかってグループ各社に「猫社員」を採用し、PRに起用。各社の猫社員たちの辞令交付式には、毎回テレビ、新聞が多数訪れています。これまでに計8匹の猫社員がメディアに登場しました（2018年1月現在）。

7 ネタ作りのための「創発」

ニュースネタの作り方② ひらめきはアイデアの引き出しの数で決まる

メディアが今求めているのはどんなニュースか、今、旬のテーマは何か、社会的な関心事はどこにあるか。そんなことを常に考えながら、自社の商品、サービスがニュースになる切り口を探していく。PRを成功させるには、アイデア（発想力）が欠かせません。

アイデアは、まずは量を出すこと。ひとつのテーマに取りかかったら、これ以上出ない限界までアイデアを搾り出す。

「ひらめきはアイデアの引き出しの数で決まる」といった人がいましたが、私もそう思います。混ぜ合わさった情報が頭の中で融合し、発酵して、新しい情報（アイデア）に生まれ変わっていくのです。考えてはストック、考えてはストックを繰り返し、引き出しの中身を増やしていく訓練が、発想力をより強力にしていきます。

そのアイデアのうち、現実に世に出るものはひとつだとしても、その他のアイデアはス

表3－2　オズボーンのチェックリスト

1. 転用	2. 応用	3. 変更
• 改善・改良して新しい使いみちは • そのままで新しい使いみちは	• 他のアイデアを応用できないか • 過去に似たものはないか • 何か真似できないか	• 時間、場所、人、方法、意味、色、動き、音、匂い、様式、型、デザイン、用途、見せ方などを変えられないか
4. 拡大	**5. 縮小**	**6. 代用**
• より大きく、強く、高く、長く、厚く、多く、広く、遠く • 何か加えられないか	• より小さく、弱く、低く、短く、薄く、少なく、狭く • 省略、分割できないか	• 他の材料でできないか • 別のアプローチはないか • 別の人、時間、場所、方法などで代用できないか
7. 置き換え	**8. 逆転**	**9. 結合**
• 配置、順序を入れ替えたら • 材料を取り替えたら • 他のパターンに変えたら • 人、パーツを入れ替えたら	• 前後、上下、左右、プラスとマイナスを逆にしたら • 主客転倒したら • 原因と結果を入れ替えたら	• ブレンド、品揃え、セット • 目的を組み合わせたら • アイデアを組み合わせたら • モノと体験を合わせたら

トックしておいて、次の出番を待つこともできるので無駄にはなりません。

ネタのアイデアを生むためのフレームワーク

「オズボーンのチェックリスト」をご存知でしょうか。「ブレーンストーミング」の考案者でもあるA・F・オズボーン氏による、アイデア抽出のフレームワークです。私は、クライアント企業のPRアイデアを考えるときに頻繁に活用しています。

表3－2のような9つの視点を持つことで、既存のアイデアや商品に新しい価値を加えることが可能となり、ニュースになるネタを生み出すことにつながります。

たとえば、伝統的な大福もちの中にいちご

を加えた「いちご大福」。塗り絵のターゲットを変えた「大人の塗り絵」。勉強ドリルのテーマを変えた「うんこ漢字ドリル」。商品のネーミングをあえて長くした「じっくりコトコト煮込んだスープ」。女性が髪を洗う時間帯を夜から朝にずらした「朝シャン」……。

これら話題となって大ヒットした商品群も、もとあった商品をさまざまな切り口から見直して、今までの常識から外れた、新しい価値を見つけたものです。

アイデアを持ち寄って、ネタの「創発」をもたらす

そうは言っても、人間一人が考えるアイデアには限界があります。そんな時、いろいろな人が集まって、自分の持つ既存の情報を持ち寄ってシャッフルしてつなげていくと、筋書きのないドラマが生まれ、より創造的なアイデアが飛び出すことがあります。

この現象は、システム系の専門用語で「創発」と呼ぶのだそうです。

たとえばアリは一匹一匹には高い知性はありませんが、群れとしてはとても複雑な共同作業をします。巣を作り、ゴミ捨て場や死んだ仲間の墓地も作る。個々の単純な動きが相互に作用し、思いがけない高度な成果が生み出される。そういう現象を「創発」と呼びます。「三人寄れば文殊の知恵」とは、一人よりは三人の「創発」による結果を表しているものです。

社長ひとりで考えるのではなく、社内のスタッフも一緒に、自社のPRのためのアイデア出しをしてみましょう。社内だけでは足りない時は、社外の仲間にも協力してもらいましょう。

一個人、一企業だけでは考え付かなかったものが、他の誰か、あるいは他の企業と連携することによって、思いもよらないニュース価値を創造していくことになるかもしれません。PRのネタの源泉である「ひらめき」は、さまざまな立場、環境、領域にいる人が話すことで生まれてきます。「創発的視点」こそ、最も重要な要素なのです。

8 「地方らしさ」か「地方にしては」か

地方発・全国ニュースになるには

地方の中小企業が、在京のテレビ局や大手雑誌社から直接足を運んで取材してもらいたいと思っても、距離的なハンディもあってなかなか難しいのが現実。したがって、直接東京のメディアを目指すのではなく、地元でのPRに最大限注力するのがセオリーです。

NHKや大手新聞社の地方支局、ローカルテレビ局、共同・時事通信社などは、全国ネットに乗せられる価値のあるネタはないかと、日々探しているのですから。

ただ、並のネタでは県内版、地方版に載っておしまいで、なかなか全国版や全国ネットでは取り上げてもらえません。しかしこの高いハードルを越えない限りは、「地方発・全国ブランド」にはなれないのです。

では、マスメディアから高い関心を呼び、全国に波及させていくにはどうしたらよいでしょう。それには、マスメディアの期待に応える「田舎らしさ」か「イメージを覆す先進性」をアピールするふたつの道があります。

地域の特色や伝統か、地域にとらわれない未来型か

前者は、たとえば、地方の農産物や海産物、伝統産業などの特産品を扱っている企業で、昔ながらの製法やしきたりを踏襲し、社屋は築100年の木造建築。社長はスーツでなく法被を着ている。わが町の伝統を誇りにし、都会に媚びないことをポリシーにしている、といったイメージです。

こうした「絵になる田舎企業」は、何かにつけて地元のマスメディア（特にテレビ局）が取材に訪れ、たまに全国ネットでも報道され、社長は地域の有名人になっています。

後者のイメージは、地方にあって都会以上に先進的な工場や研究設備を備え、ＩＴを駆使してグローバルなビジネスをしているような会社。社長はベンチャー精神が旺盛で、経

営理念は明確。社屋やオフィス内はあか抜けていて、社内の様子だけ見るととても地方とは思えない。田舎としては珍しい未来型企業として取材され、この会社で働きたい若手が全国から集まってくる、そんな企業です。

また、後者の社員たちが、出勤前やオフの日にはアウトドアや農作業を楽しんでいるという「田舎だからこそできる豊かな暮らし」の一面を見せれば、さらにニュース価値は上がります。

地方らしさと先進性を兼ね備えた「葉っぱビジネス」

ここで、「地方ならではの絵面」と「地方らしくない先進性」を兼ね備えた、ニュースになる事業の例をあげてみましょう。

徳島県の山間にある村で、おばあちゃんたちが家の庭先や周辺の山で取った葉っぱを東京や大阪の料理店に「つまもの」として販売するという「葉っぱビジネス」をご存知の方も多いと思います。元農協職員の横石知二さんが仕掛け人で、今はＪＡ東とくしまが事業主体となっている、上勝町の㈱いろどりです。

70代、80代の高齢者が農家の庭先や周囲の山で季節ごとの葉っぱを採る様子は「田舎らしい」光景であり、写真でも動画でも絵になります。

その一方で、高齢者がパソコンやタブレット端末を使いこなして受注している様子は、一般の人たちが描く「田舎の高齢者像」からかけ離れた先進的なイメージもあります。

こうして「いろどり」は事業開始から30年間、「田舎のおばあちゃんが、ただの葉っぱを大金に変えている」として着実にメディアに露出し続け、２０１２年には映画にもなり、日本国内はもちろん世界中から注目を集めています。今では、全国のつまもの市場の６割のシェアを占め、２億６０００万円を売り上げるに至っています。

そして同社の成功をきっかけに、この町でビジネスを志す若者が各地から集まってきており、移住・起業する人たちが後を絶ちません。カフェやレストランを開き、人を招き入れようとする人、ゆずやお茶などの地元産品を海外に向けて輸出している人。

人口わずか１７００人の町は今、全国規模のニュースにあふれています。

「地方らしさ」を極めるか、「地方にしてはすごい」と驚かれるか。

地方の中小企業の大多数は、このどちらでもありません。先進的な企業になろうとしても、中途半端な田舎臭さが残るものなのです。目に見える姿が極端であればあるほどメディアは取り上げやすく、ＰＲでは成功します。

地方の仏壇店から世界のお香メーカーへ、モノとヒトを連動させたＰＲ

●――株式会社岩佐佛喜堂

岩佐佛喜堂（高松市）は、市中心部の丸亀町商店街で明治5（1872）年から商いを続ける老舗仏壇店です。ライフスタイルや宗教への考え方が変化し、仏壇の需要も減少の一途。

同社の5代目となる岩佐一史常務は、大学卒業後から研究を続けている「お香」を切り口にして、若い世代にも先祖の供養や仏壇にも関心を持ってもらおうと、新たな取り組みを行っています。

2015年には、燃えた後の灰が知恵の輪のような形に巻いて落ちない線香を開発。販売開始時にプレスリリースを発信したところ、「灰が落ちない線香～智慧の和香（ちえのわこう）」は受験シーズンの合格祈願商品として注目され、全国紙のコラムや、全国ネットの情報番組で紹介されるなど、一躍注目を集めました

その後、全国各地のお寺の独自の香りを配合したオリジナルのお香や、心を落ち着かせる効果がある塗香（からだに塗るお香）などを相次いで製品化。商品開発に際しては、ＰＲとの連動を念頭に置き「メディア受け」するストーリーや品名、パッケージなど

研究の現場から

香水代わり 塗るお香

高松市丸亀町で仏壇・仏具を販売する「岩佐佛喜堂」が、香木をすりつぶした粉末に草花の香料をブレンドした塗るお香「塗香《ずこう》」を開発し、女性を中心に人気を集めている。香水代わりなどとして肌に直接塗ることができる。開発者で同社取締役常務の岩佐一史さん(32)は「全国に広めたい。若い人が仏教に関心を持つきっかけになってくれたらいい」と語る。

岩佐佛喜堂は1872（明治５）年の開業で、従業員は約20人。香川県善通寺市にある金倉《こんぞう》寺《じ》の住職から塗香の商品化を相談され、2014年に最初の商品を作った。岩佐さんは「塗香は元々、僧侶が身を清めるために使ったもので、経典『華厳経』にも記述があります」。

アジア各国などから輸入した約10種類の香木の粉末を調合し、独特の香りを出した。金倉寺の仏像がザクロの花を持っていることにちなみ、花の香りをつけて「柘榴《ざくろ》香」の名前で商品化。１カ月たつと熟成して香りが変化することも見越し、香料の配合量や比率を変えるなど試行錯誤を繰り返した。四国にある各寺院に咲く草花や歴史に沿った香りをテーマに次々と新作を手がけ、今や約30種類を売り出す。香川大学と共同開発し、オリーブなどを配合した商品もある。多くは３㌘約800円だが、中には５㌘で１万円を超えるものも。店頭販売に加えて各寺院やインターネット通販で取り扱ったところ、売り上げも順調に伸びている。塗香の愛用者が仏壇を購入してくれたケースもあった。

岩佐さんは全国の寺院で塗香に関する講習会も開いており、「訪問者の減る寺院の力になりたい」と意気込む。　【小川和久】

「塗香を通じて仏教に関心を持ってもらいたい」と話す岩佐一史さん ＝高松市丸亀町で

高松市 岩佐佛喜堂取締役常務 岩佐一史さん

2018年６月５日　毎日新聞四国経済面

を工夫しています。

これらの商品群が全国のメディアを通じて拡散したことで、岩佐佛喜堂は仏壇店だけでなくお香のメーカーとして、業界でも注目される会社となりました。

さらに岩佐氏は、お香を愛した徳川宗家19代から「香想師：岩佐喜雲」の称号を与えられ、海外からもお香の専門家として声が掛かるなど、活動の幅を広げています。

第4章

記者が思わず取材したくなるプレスリリースの書き方

1 プレスリリースの基本形

ここまで読んでいただいたら、中小企業が取り組むべきPRの概要と、ネタの見つけ方、作り方の概略がご理解いただけたことと思います。では続いて、プレスリリース作りのノウハウに入っていきましょう。

「プレスリリース」と「ニュースリリース」

自社のPRしたい商品やサービス、経営方針などの要点をまとめた資料のことを「プレスリリース」といいます。「プレス」とは新聞やテレビなど報道機関または記者のこと。プレスの方々に向けた発表資料だから、そう呼ばれています。

一方、最近はwebメディアなど報道機関を介さない情報の発信も増えてきたので、同じ発表資料でも「ニュースリリース」という呼称が浸透してきました。この本では「プレスリリース」または単に「リリース」と呼ぶことにします。

プレスリリースはA4用紙1枚が基本。内容が多いときは2～3枚程度までは許容範囲ですが、複数枚にわたる場合、ニュースのキモとなる基本的な情報は必ず1枚目に収まるようにします。２枚目以降は参考情報という位置づけです。

プレスリリースに盛り込む要素

①宛名

記者クラブで一斉発表するときは「報道関係各位」。個別で郵送やＦＡＸする場合は、媒体名と記者名を入れます。その際は宛名部分を空欄にしておき個別に手書きしても可。

②日付・会社名

リリースの右肩には発表当日の日付と会社名。会社名は、ロゴがあればぜひ使いましょう。トップに来る社名だけは「○○工業株式会社」などの正式表記にします。本文では「株式会社」や「㈱」は省略し、文面で２回以上登場する場合は「当社は」としましょう。

③タイトル

プレスリリースは、タイトルの出来しだいで読まれるか捨てられるかの運命が変わります。目立つように本文よりひと回り大きい太文字で「何が面白いのか」「どこがニュースなのか」がすぐわかるように。タイトルとサブタイトルの２行構成にする例が多いです。

ただし、「○○抜群の△△が新発売！　□□のシーズンにピッタリ！」のような、売り込み臭い宣伝文句はNGです。プレスリリースは広告チラシとは違うのです。新聞記事に付けられた見出しを参考にしてください。

④リード

タイトルで記者の興味を引き、本文を読ませるための大事な部分です。リードには、商品やサービス、取り組みの中で「最もニュースになるポイント」をメインに書いてください。リードは長くても4～5行に収めること。

一番シンプルなリードは「○○社は某月某日、□□な人に向けて××サービスを開始します」というかたちです。

⑤本文

本文は、ニュースの具体的説明です。商品の概要のほか開発経緯や特徴、時代背景などの「5W1H＋α」のうち、ニュース性の高い要素から順番に書いていきます。

価格や規格・サイズやデータなどに特異性がある場合はそれらが優先しますが、通常は、開発の経緯や関わった人などのほうがニュース性が高いので、順番としては前の方に来ます。

テーマごとに段落を分け、小見出しを付けるなど読みやすい工夫をすること。熱心な社長は文章でも饒舌になりがちです。また、慣れないうちは説明がくどくなり、意味不明になることも。「詳細に」よりも「簡潔に」説明することに注力してください。

⑥トップ、開発担当者のコメント

商品やサービスであれば「これを普及させて世の中をこのように良くしたい」など、トップや開発者としての展望や、これに賭けた熱い思いを本文に加えましょう。商品だけでなく人物ストーリーとして取材してもらえることがあります。

⑦問い合わせ先

住所、会社名、電話番号、ＦＡＸ番号、ＨＰアドレスだけでなく、担当者の氏名とＥメールアドレスを記入します。担当者は電話番の事務員さんではなく、その件に責任持って答えられる人、中小企業であれば社長が直接受けるのがベストです。記者からの質問や確認の電話は夜でも掛かってきますので、携帯電話番号も必ず載せてください。

⑧参考資料

写真や、会社概要、開発の背景、参考となるデータ、文献など、1枚目に入りきらなかった資料を2枚目以降に記載します。本文と区別できるよう「参考資料」と明記すること。

プレスリリースの書き方はネットで調べて、真似てみよう

そうはいっても、わずかな言葉だけの説明では、プレスリリースの具体的なイメージはつかみにくいと思います。そんな時は、パソコンであなたの会社と同じ業界の大手の「企業名」と「プレスリリース」を検索してみてください。それらの企業のwebサイトと、一連のプレスリリースが読めるはずです。

どの会社もほぼ基本的な形式に則ってリリースを作っていますので、社名の表記やタイトル、リード、本文の書き方、写真のレイアウトの仕方など参考になる点が多いと思います。まずは真似てみるところから始めましょう（図4－1）。

図４－１　プレスリリースの作り方

PRESS RELEASE　○年○月○日
報道関係各位　□□□株式会社

→ •ヘッドライン
日付、社名は忘れずに

日本初、美脚加工の女性用ジーンズ
視覚効果で下半身を 10%細く見せる「×××（商品名）」

→ •タイトル（見出し）は超重要！ 簡潔に！
•宣伝用のキャッチコピーは NG。

□□は日本で初めての○○加工の女性用ジーンズを開発しました。○月○日から全国の専門店等で販売を開始します。

→ •リード。記者はここまでしか読まない。100～150 文字で「ニュースのキモ」を説明

本文（5W1H ＋α）

■ What	どんなものか、何が新しいのか
■ When	いつ行うのか、期間はいつからいつまでか
■ Where	どこで買えるのか、販売ルートは
■ Who	誰が開発したのか、ターゲットは誰なのか
■ Why	趣旨、なぜ行うのか、経緯
■ How	どのように行うのか
■ How Much	価格、売上高目標、費用
■ How Many	販売枚数、生産数量
■ How in Future	将来見通し、社会への影響

写真
図表

→ •結論から述べる「結」「承」「転」
•伝えたいことを簡潔に表す
•ポイントは箇条書きでも可
•ニュースの裏付け、データも必要
•写真やイラスト、図を加えても可

会社概要、問い合わせ先

→ •中小企業は会社概要が必須
•問い合わせ先は担当直通（携帯、メール）

2 読まれるプレスリリースはごくオーソドックス

リリースは取材・執筆の合間で手早く「見る」もの

記者たち、はたいへん多忙な毎日を送っています。締め切り時間に追われつつ、新しい情報を探して、取材先にアポイントをとり、現場に赴き取材して撮影もし、原稿を書いては出稿する……。その合間に、毎日大量に届くプレスリリースをチェックするのです。

記者の手元に届くプレスリリースの数は、地方紙や全国紙の地方支局でも1日に数十～数百に上ります。記者たちはこれらを短時間で全部確認して、ニュース価値や取材の可否を判断しなくてはなりません。彼らが1件のリリースに費やす時間は数十秒。つまり、「読む」というより「見る」くらいしか時間はありません。

タイトルだけ見て、面白そうだと思えばリード、本文を読み、記事に値すると判断すれば取材候補に上ります（全体の1割ほど）。あとはいったん保留（3～4割）か、即刻ゴミ箱行き（約5割）。そうして振り分けていかないことには、抱えている仕事が進まないのです。

「共通の形式」には理由がある

プレスリリースには、記者にとって読みやすい「共通の形式」があります。

皆さんがいつも読んでいる新聞の紙面を見てください。日本の主要な新聞は、全国紙も地方紙も経済紙も、形式がほぼ共通です。

1面に主要ニュース、続いて政治面、経済面、スポーツ面、社会面などがあります。1ページは12～15段に区切られ、見出しや記事の配置、文字数や文体もよく似ています。記事は、結論が最初にあり、具体的な内容、背景へと続く流れで統一されています。

時代によって少しずつ変化していますが、基本構成は何十年も変わっていません。

もし、各紙の大きさや体裁がバラバラで、日によって縦書きもあれば横書きもあり、ファッション雑誌のような凝ったデザインで、活字フォントが何十種類も使われていたとしたら……。読者は、朝の忙しい時間に、あれだけ大量の記事を効率的に読むことができません。他紙と並べて、記事の重要度やニュアンスなどを比較するのも難しいでしょう。

つまり新聞は、現時点で読み手にとって一番効率の良い紙面構成が採用されているのです。

プレスリリースは「頭サビ」

企業が発信するプレスリリースも、ある程度パターン化し基本形を踏襲したものが、記者が最も効率的に読める形といえるのです。

最大の特徴は「頭サビ」。

日本のポップスでも最近、短いイントロの後にいきなりサビから始まる曲が多くなっているそうです。これは長いイントロや静かなAメロ、Bメロに続いてやっとサビが出てくるような曲は、若い人たちのカラオケではウケなくなってきたからとも言われます。

プレスリリースでも、冒頭に一番パンチのある部分、つまり「サビ」をドーンと持ってきて印象付け、リード、本文の順番に訴えたいポイントを配置していくべきです。せっかく頑張って工夫してプレスリリースを仕上げたとしても、ニュース価値を記者に直感してもらえなければ何にもなりません。

奇をてらうべからず

広告代理店やデザイン会社にPRを任せると、デザインに凝った、パンフレットのようなプレスリリースができてくることがあります。また、縦書きで新聞記事の形式と文体をそのまま取り入れた、「新聞記事風のプレスリリース」を推奨しているPRコンサルタントもいるようです。でも、私はこれらをお勧めしません。

記者たちは、ニュースの元情報が手に入ればよいわけで、デザインでは選びませんし、新聞記事風にするのは記者の仕事ですから、彼らからすれば記事風リリースは「余計なお世話」でしょう。

プレスリリースは「奇をてらったデザイン」で目立つのではなく、中身のニュース価値をどうシンプルに、強力に伝えるか、それだけを考えてオーソドックスな形の中で勝負するべきなのです。

3 メディアに合わせてリリースを書き分ける術

リリースは定型の1種類だけでいい？

会社の新しい取り組みをプレスリリースにして配信するとき、新聞からは取材されたが、テレビや雑誌からはまったく反応がない、というケースがあり得ます。

それは、新聞記者には受け入れられたけれど、テレビや雑誌の記者の触手には引っ掛からなかった、つまり、発信した情報がテレビや雑誌向きではなかったからです。

たいていの企業では、1件の新規案件のプレスリリースは、定型の1種類しか作りません。「ＡＢＣ株式会社は、日本で初めての○○向け△△を開発し、□月×日に発売します」というパターンです。

実はこのリリースの定形は、新聞社に向けて発信する「ストレートニュース」用の基本形です。元々メディアの主流は新聞だったため、官庁や大企業ではこの形式のプレスリリースが定着して使われ続けています。

各社とも、これに倣ってリリースを作られていることが多いのですが、でも、このパターンだけで発信していると、特に中小企業がテレビや雑誌に登場できるチャンスは少なくなります。私も、自分でＰＲを始めた頃はこの大切なことに気が付いていませんでした。

テレビ、雑誌には特製のプレスリリースも別に準備

ここでは、テレビや雑誌に報道・掲載されやすくするためのプレスリリースの作り方をご紹介しましょう。

それはズバリ、リリースは１種類ではなく、テレビ、雑誌などそれぞれ専用のものを複数用意すること。

新聞記者、テレビのディレクター、雑誌の編集者が欲する情報は、「新しい情報」であるのは共通ですが、彼らのアンテナの指向性はそれぞれ異なります。

それぞれの媒体特性に合った切り口でニュースを企画し、ひとつのリリースを新聞用、テレビ用、雑誌用に書き分けて、それをタイムリーに届けるほうがベターなのです。

実際、テレビや雑誌にひんぱんに取り上げられる企業は、広報担当者が企画力や想像力を駆使して、テレビ向け、雑誌向けのニュース企画を作り続けているケースが多いです。

テレビは「どんな映像が撮れるか」がカギ

たとえば、先ほどのストレートニュースをテレビで報道してほしい場合、撮れる映像が一目で想起できる、ビジュアル重視のプレスリリースがお勧めです。

報道番組なら簡潔なプレスリリースにインパクトのあるビジュアルを数点加える。

情報バラエティ番組なら、新商品の概要や写真だけでなく、主人公と周辺の人間模様、失敗談や泣かせる話、そしてそのモノが消費者（視聴者）にもたらす影響などをわかりやすく書き、スタジオに持参して実際に食べたり試したりもできるということなどを伝える。

旅番組なら、何月に取材に来ればこんな食べ物、イベントがあるとか、どの時期にはここで面白い映像が撮れるということなどをビジュアルで知らせ、撮影に協力できる条件なども具体的にアピールすべきです。

プレスリリースというよりむしろ、視聴率が取れる「企画の提案書」といえるものです。

雑誌には「特集テーマに沿ったネタ」を提供する

また、雑誌に取り上げられたいなら、狙いとする雑誌の読者特性や記事の傾向、そして雑誌の制作工程を把握しておくことがポイントになります。

雑誌は、新聞やテレビよりも早く編集の準備が始まります。月刊誌では3カ月以上前、週刊誌でも数週間前には誌面の企画会議が始まります。その前のタイミングで、担当編集者に対して「貴誌の秋の誌面にお勧めしたい情報があります」などという趣旨で、自社の新商品やサービスを情報提供し、取材依頼を行うのです。

いつも数カ月先までのカレンダーを目に見える場所に置いておき、前倒しでプレスリリースにあげるネタを考えていくくせをつけるようにしましょう。

日ごろからのメディア研究が不可欠

各メディアに合わせた「ニュース企画プレスリリース」を作るには、日ごろからそのメディアでどんなテーマや切り口が取り上げられているのかという「編集方針」「制作方針」を研究しておく必要があります。

ニュースのキャッチフレーズからネタの構成まで、各メディアの特徴に合ったものがタイムリーに提案できれば、採用される確率は飛躍的に上がるでしょう。

4 取材確率を高めるテクニック

「こんなものができました」より「こんなことが起こります」

新商品やサービス発売のプレスリリースで、記者の興味をそそり、記事の扱いを大きくするためには、その機能やスペックの詳細よりも「その商品が世の中に出ることで、誰にどんなことが起こるのか」が求められます。

たとえば、通販会社のテレビショッピングでは、8倍ズーム機能が付いたビデオカメラを紹介するとき「運動会やお遊戯会で活躍するお子さんの顔を、こんなにアップで撮ることができます。おじいちゃん、おばあちゃんにもはっきりとお孫さんの笑顔が見えて、お家での上映会が楽しくなりますよ」などのコメントを加えて説明。すると「8倍ズーム」が家族にとってどれほど嬉しいものか、受け取る側のメリットのイメージがぐっと具体的になるでしょう。

そのように、自社の商品・サービスで、誰にとってどんなことが起こり、社会がどう変化していくのか。そんな未来への期待感を高めるフレーズを考え、盛り込みましょう。

写真は「商品単体」と「人が一緒に写っている写真」を

文字だけのプレスリリースと写真付きでは、イメージの伝わり方が大きく変わります。商品でもお店でも、新サービスでも、イメージできる写真を必ず加えましょう。

商品の発売を告知するだけの記事では、商品単体の写真でも良いのですが、その商品の開発の苦労話や熱い思いも含めて書いて欲しい時は、開発者や社長がその商品を手に持った写真のほうが、取材したい意欲をかきたてることが多いです。

新しいお店がオープンするとき、通常は店の外観や店内で人のいない写真を使うことが多いですが、プレスリリースでは、オーナーや店長が写っているほうが店の雰囲気がよく伝わります。

いずれにせよ、商品単体の写真と、人が一緒に写っている写真の両方を撮影しておけば、メディアに求められたときすぐに対応できます。写真はライティングと構図に気を配れば簡単なデジカメやスマホのカメラの写真でも十分使えます。

問い合わせ先に、責任者の携帯電話番号を明記

記者が翌日の朝刊に載せるための原稿を書くのは、取材から社に戻り、夕方から夜にか

けての時間帯が多いです。執筆中に不明点や確認事項があって会社に電話したら終業後でつながらず、結局記事が出せずにボツになった、という事態が結構起こっています。

問い合わせ先には、その件に答えられる責任者、または社長の携帯電話番号とメールアドレスを明記しておくべきです。24時間即対応ができるのとできないのとでは、掲載率も大きく変わってきます。

プレスリリースに小さなオマケをつけておく

プレスリリースを各社に持参したり郵送したり、また記者クラブで配布するときに、小さな商品サンプルを添付しておくのも裏ワザです。新発売のお菓子の小袋や、家庭用品の小さな試供品を1つだけ添付しておくと、読まれる確率も印象に残る度合いもアップします。

たとえば郵送では、薄っぺらの封筒は他の書類に紛れたり、そのままゴミ箱に捨てられてしまう恐れがありますが、立体的な小さなものが指にさわると開封せず捨てるわけにいきません。ただ、嵩張るものや高額なものは歓迎されません。チラシについてくるようなクーポン券やティッシュペーパーは問題外。

私どものクライアントで、前出の岩佐佛喜堂の新製品発売のプレスリリースには、お香のサンプルの小袋をリリースの端にホチキスで留めて記者クラブで配布することがあります。今では「記者クラブの扉を開けたとたん、お香の匂いがして岩佐佛喜堂のリリースが棚に入っているのがわかる」と言われるほど、その香りが名物になっています。

ただし、リリースの内容そのものにニュース価値がなければ、いくらサンプルをつけても、記者に迷惑がられるだけ。ネタを練り上げるのが先決です。

資料の最後に「読者プレゼント提供」の情報を加えておく

新聞や雑誌には読者プレゼントのページがあります。プレスリリースの最後に「読者プレゼントをご提供することも可能です」と書き加えておくと、もし本編の記事に取り上げられなかった場合も、読者プレゼントの担当者に回してもらい、露出につながることがあります。

5 残念過ぎるプレスリリース

「プレスリリースを作って配布したが、記者からの問い合わせや取材がまったくない。なぜか」というご相談を受けることがあります。

発表した当人は「良い商品だからできるだけたくさんの人に知らせ買ってもらいたい」と考え、何時間も掛けて一生懸命プレスリリースを書いたわけですが、それに対して記者からまったく無反応というのでは残念です。

ニュースにするためのコツもありますが、逆に「ニュースにならないプレスリリースのポイント」もあるのです。

ニュースにならないプレスリリース　7つの間違い

①テーマが絞れていない

「当社は画期的な○○を開発した。展示会に出展し拡販に取り組む。△△をキャラクターにした広告を放映中。社員が近隣の掃除を続け県から表彰を受けた」など、あれやこれや盛り込みすぎて、いったい何がニュースのポイントなのか不明なプレスリリースがあります。これでは取材されません。

「1つのプレスリリースにテーマは1つ」です。他のトピックは別のリリースにするか、取材のときに話せばよいことです。

②「販促視点」が「社会視点」より大きくなっている

販売促進の視点が大きいと、プレスリリースではなく「売り込み」のための広告チラシになってしまいます。

「新商品の紹介」「販売キャンペーン開始」「新店舗のオープン」「ホームページを開設」などは、そこに社会的な意味合いや、記者の興味をかきたてる要素がなくてはニュースになりません。たとえ報道されても「お知らせ」程度にとどまり、注目され話題になるのは困難です。

③時代のトレンドに合っていない

テレビや新聞は、「今」を伝えるメディア。今、社会で何に関心が集まっているか。世相はどうなのか。そうしたトレンドに合っていなければ、いくら良いものでもマスメディアは扱えないのです。「旬」でなければ、せっかくの良いネタもおいしくありません。

なぜ今、その商品やサービスを発表する意味があるのか。社会で注目されている事象やそのときの世相・時流と、実際に直接の関係は薄くても、自社の取り組みや商品、サービスを関連付けることがポイントです。

④具体性・客観性を欠く

プレスリリースはあくまで、具体的な事実を客観的な情報としてメディアに提供するものです。商品が健康に良いのであれば、どの栄養素がどう作用して健康に良いのか。あるいは「世界で初めて」や「日本で最高」の商品であれば、裏付けるデータはあるのか。その根拠は？　メディアは背景や根拠があいまいな情報を扱うことはできないのです。

⑤最終消費者と関係のない情報である

新聞（一般紙）やテレビは、広く一般大衆をターゲットとするメディアなので、取り扱う情報は衣・食・住など暮らしに直接関わることのほうが優先されます。BtoB（企業向け）の商品やサービスは、業界紙や専門誌向けならストレートでも構いませんが、一般紙に取材してもらおうと思えば、最終消費者の暮らしとの関わりを持たせなくてはなりません。

⑥影響する範囲が狭すぎる、経済効果が少なすぎる

ある地域でしか買えないものは、ご当地グルメ、観光地の名物など特別なものでない限り他のエリアではニュースになりません。全国メディアに載せたいなら、オンラインショ

ップなどを通じて全国どこからでも買える受け皿を作っておく必要があります。

また、話題作りのためだけに、数量限定で新商品を企画することがありますが、たとえば、1個300円の商品を1000個限定で販売すれば、全部売れても30万円の経済効果しかありません。

記者が原稿を書く人件費、媒体のスペースや時間をそのために費やすのは合理的ではないという考えがあります。限定販売で終わりでなく、将来的に事業として拡大する可能性などを感じさせなくてはなりません。

⑦専門用語やカタカナが多い

どんな業界にも、業界用語や専門用語があります。プレスリリースを書く側は、専門的な見地から他社との違いを説明したいと考えがちですが、新聞記者やテレビの制作者は業界のことにそれほど詳しくありません。

難解な用語やカタカナ言葉が頻出するリリースは、一般紙の記者たちには敬遠されがちです。特に化学や医療、ＩＴ関連の業界のリリースにこの傾向が多いようです。

できる限り一般的な言葉や言い回しに翻訳して伝える努力が必要です。

6 地方の小さな会社ならではの「直筆お手紙作戦」

小さな会社や商店が、メディアにアプローチする手段

地方の小さな会社や個人商店では、「日本一の技術を開発した」など、間違いなくニュースになるネタが頻繁にあるわけではないでしょう。だからといって、「うちのような小さな会社がマスメディアにプレスリリースなんて、おこがましい」と思わないでください。

前項までに、プレスリリースにはオーソドックスな形があって、奇をてらわないほうが良いと書きましたが、これは中小企業の中でも、ある程度の規模をもって動いている会社の場合です。

たとえば「脱サラした主人が郷里に帰って小さなお店をオープンする」。あるいは、「社長夫婦と従業員数人の町工場が初めて自社オリジナル商品を作った」。「今まで新聞やテレビで紹介されたことがないけれど、ぜひ広く知って欲しい」。

そんなときは、形式的なプレスリリースよりは、「社長からの直筆のお手紙」を地元メディアに直接送るほうが記者の心に届き、取材につながることもあります。

記者宛てに、思いを綴った手紙を書こう

先ほど述べた通り、主要な新聞社やテレビ局には一日何百件というプレスリリースがFAX、メール、郵送などで届きます。記者たちは取材や執筆の合間に、それらをなかば機械的に読むので、小さな会社の社長が一生懸命に書いたプレスリリースも、ニュース価値が読み取れなければそのままスルーされて終わるケースが多いのです。

ここでお教えする「お手紙作戦」は、他社の幾多のプレスリリースとは一線を画す情報提供の方法です。これは、特に地方の新聞社やテレビ局に初めてアプローチするときには、とても有効なやり方なのです。

自分が毎日読んでいる新聞の県版や地域経済面には、文末に記者の名前が載った「署名記事」があると思います。その記事を読んで「いいな」と思ったら、その記者宛てに直筆のお手紙を書いてみましょう。送り先は、その面に記載してある当該新聞社の支局。体裁はハガキよりも、会社名などを印刷していない無地の便箋・封筒のほうが良いでしょう。

お手紙には、記者の記事を読んだ感想、苦労話や熱い思いを盛り込む

たとえばこんな感じです。

「△△新聞社……様　はじめまして。　○月○日付の貴紙の……様の記事を拝読し、心

温まる話に非常に感銘を受けました。

私はA市で、金属部品製造工場を営んでおります。これまで30年間○○重工の協力会社として細々と経営してまいりました。ところがご存知の通り、今年で○○重工が同事業から撤退することが発表され、弊社は苦境に立っております。そんな時、古参社員のアイデアから、高齢者の介護に役立つオリジナル製品の□□を開発し商品化しました。□□はこれまでにない××という機能を備えております。この製品で将来への活路を開くとともに、高齢化社会の課題を少しでも解決していきたいと考えています。どうかご取材いただき、□□を多くの方々に知らせていただけないでしょうか。……」

記者魂に訴える、苦労話と社会貢献への意欲

あなたがその記者だったら、「自分の記事を読んで感銘を受け、ぜひ助けてほしいと名指しで頼まれた。なんとか力になれないだろうか」と思うのではないでしょうか。すぐに記事化はむずかしくても、取材にだけは行ってみたい、会ってみたいと思うはずです。もし自分の担当分野と違うときは、担当の記者に紹介してくれるでしょう。

多くの記者は、世のため人のためになる記事を書きたいと思っています。自分が書いた記事で、誰かを救うことができたら、さらにその記事がきっかけで社会のためになる製品

が広がっていったら、記者冥利に尽きる仕事になるはずです。

プレスリリースでは伝わらないものが、一記者への心を込めた手紙なら伝わり、取材を呼ぶことができる場合もあります。あなたの商品やサービスの誕生の裏に、人知れぬ苦労話や感動秘話があれば、お手紙作戦は非常に効果的なのです。

ただし、そんな記者の優しい心根につけこんで、ウソの手紙を書いては絶対にいけません。「手紙に感激して取材し、記事になった後で、実は作り話だったことがわかった。実は新商品を宣伝したいだけだった」などということになれば、その後はどのメディアからも二度と取材されなくなるのは間違いありません。

ウソは必ずばれます。ＰＲにおいて誠実さ、真摯さは絶対に欠かしてはならない大事な要素なのです。

7 プレスリリース7つのチェックポイント

①タイトル

・「何がニュースなのか」が一目ですぐわかるか。
・最も伝えたいこと（結論）を必要十分に言い切れているか。

・テーマはひとつに絞られているか。
・ニュース価値を高めるキーワード（新・初・珍・最・特……）が含まれているか。
・広告的な表現、オーバーな表現になっていないか。
・サブタイトルは効果的に使われているか。

②リード文

・会社のプロフィールを一言で表現できているか（○○○○の□□□会社）
・15秒で読み切れるか（150文字程度、3～4行で収まっているか）。
・「記事に書いて欲しい」「読者に知ってほしい」内容はリード文までに言い切れているか。
・ポイントとなる5W1Hがもれていないか。

③本文

・伝えたいことから順番に（逆三角形で）書かれているか。
・主要な内容は1枚目に収まっているか。（原則として2枚目以降は商品概要や参考資料など）
・5W1Hのほかに、Whom（誰に・誰を）、How much（金額・数・量）が書かれているか。

・将来の計画（事業の拡大予定、売上目標、達成時期など）が書かれているか。
・会社名や商品名が重複していないか。（原則1回。2回目以降は当社、当商品は……）
・タイトルやリードと同じ言葉や表現が重複していないか。
・時代背景・社会的背景が書かれているか。（なぜ今発売なのか。そこに至る背景は？）
・地域のため、社会のためという「大義」があるか。
・実証データは明記されているか。（業界初、○○で一番、独自技術……の客観的根拠）
・誤字・脱字、語句の用法の間違いはないか。
・専門用語、業界用語が多くないか。一般的でない語句には脚注がついているか。
・文章が長い場合、段落に分け小見出しをつけているか。

④ビジュアル（写真またはイラスト）

・一目でイメージが湧く写真が添付されているか。
・記者が必要であればデータで送れるか。
・著作権・肖像権などに抵触しないか。

⑤問い合わせ先

・社名・担当者名・電話番号は間違いないか。担当者名の読み方はわかるか。
・担当者の携帯電話番号・メールアドレスは書かれているか。
・顧客からの問い合わせ先と、メディアからの問い合わせ先は区別されているか。

⑥会社概要

・初対面の記者が一読して「なるほど、こういう会社なのか」と納得できるか。
・情報が古くないか、間違っていないか。

⑦その他

・自画自賛的、宣伝臭くなっていないか。
・その情報が新聞向きか、テレビ向きかを意識して書かれているか。

8 開発前に仮想プレスリリースを書いてみよう

「在庫の山」を抱えないために

商品開発は、「金のなる木」が生まれる可能性がある一方で、もしヒットしなければ、開発に掛けた莫大な時間や投資がムダになるリスクもあります。

ただ単に、経営者の思い付きや開発者の思い入れだけで商品を開発しているとしたら、発売しても在庫の山だけが残ることになります。それは絶対に避けたいところ。

そうしたリスクを減らすために、新しく開発する商品が実際に市場で受け入れられていく確率が高まる方法をひとつ、ご紹介します。

製品開発する前のアイデアの段階で、仮定のプレスリリースを書いてみるのです。プレスリリースは商品が完成してから書くのが普通ですが、順番を逆にします。

この場合はきちんとした文章でなく、箇条書きでも結構です。

プレスリリースの内容は主要なビジネスプラン

メディア向けに発信するプレスリリースの内容は、事業を始める前にたとえば金融機関などに提出するビジネスプランに盛り込むべき情報の内容とほぼ通じています。

・いつどんな商品・サービスを開発するのか。（時期・商品概要）

・それは、要するに何か。（商品説明、単純明快に表現できるか）

・他社が出している商品と比べて何がどう新しく、どんな優位性、特異性があるのか。（競争優位性）

・なぜその商品・サービスを作ったのか。（社会的背景、経緯、必要性）

・その商品・サービスを生むにはどんな課題があり、どんな苦労の元にできたのか。（技術的側面、ストーリー）

・想定するユーザーはどこに、どれだけいるのか。（ターゲット市場）

・今後の展開はどう考えているのか。（定性的・定量的な目標）

これらのうち、ひとつでもスムーズに書けないポイントがあれば、それは、完成した暁に社会に向けて発信すべき情報が何かしら足りないものになります。

社会に発信すべき情報がないような商品を世に出して、果たして市場に受け入れられるでしょうか。

仮想リリースを書くのは「足りない何か」を見つけるため

自信を持って仮想のプレスリリースが書けないようならその商品・サービスは、そのまま世に出してもお客さまに説明しづらく、販売するのが難しいことが予想できます。

逆に、簡潔明瞭に、客観的に、過不足なく、愛情を持ってプレスリリースが書けるようなら、その商品・サービスを世に出したときに、さまざまなメディアで取り上げられ、ネットで口コミが広がっていく可能性が高いといえるのです。

開発前の段階で、仮想プレスリリースを書いてみるのは、完成までに補うべき「足りない何か」を見つけることでもあります。

その製品・商品を、社会にどう伝え、何をもって知ってもらうのかという、完成後の情報拡散のイメージが描けてこそ、自信を持って開発に没頭できるのではないでしょうか。

もし、前もってニュースになる要件がすべて揃うなら、その時点でマーケティングで重要な「4P」のふたつ、「Product（製品）戦略」と「Promotion（販促）戦略」は大方うまくいくだろうと考えられるのです。

あとは、「価格（Price）戦略」と「流通（Place）戦略」を間違えなければ、売れる予測を立てられるので、その商品開発を続けても良いと判断できるわけです。

自社の歴史の中から埋もれた宝を発掘

――有限会社菱田ベーカリー

昭和26年から、家庭用パンとともに学校給食のパンを一手に製造してきた菱田ベーカリー（高知県宿毛市）。けれども地域の少子化と人口減少の波は激しく、近年、需要の低迷が続いていました。

起死回生を目指し、専務の菱田仁氏が高知県産の米を使った新商品を開発。中小機構のアドバイザーとしてＰＲの相談を受けた私は、菱田征夫社長を交えて新商品の話のほか、地域の歴史や同社の沿革などをヒアリングしていきました。

話の中で、興味深いパンが出てきました。当地には対岸の九州南部から甘党文化が伝わっていて、あんパンの上に溶かした羊羹を塗った「羊羹ぱん」が昭和40年代から食べられているのだとか。元々、焼きすぎて焦げたあんパンに羊羹を塗ってごまかしたという珍説もある、面白いパンです。

私は「地域の米を使ったお菓子は珍しくなく、大きな話題にはしづらい。むしろ、羊羹ぱんのストーリーがキラーコンテンツにできるのでは」と提案しました。菱田社長と専務も同意見でまとまり、「羊羹ぱん」の全国展開マーケティング戦略を進めることになりました。

まず、webサイトの会社の歴史の中に羊羹ぱんのエピソードを入れ込み、情報を充実。菱田専務が自ら県外へ商談に出かけて「羊羹ぱん」をアピールするのと同時に、マスメディアに向けて、高知西部のご当地パンとして取り上げられるようにアプローチを進めました。

その結果、多くのメディアが興味を持って紹介してくれ、「ご当地パンブーム」も追い風となって、「羊羹ぱん」が全国に広がり始めました。

2015年に年間3万個台だった販売個数が2017年度には60万個を超え、2年後には年間100万個が見えてきました。

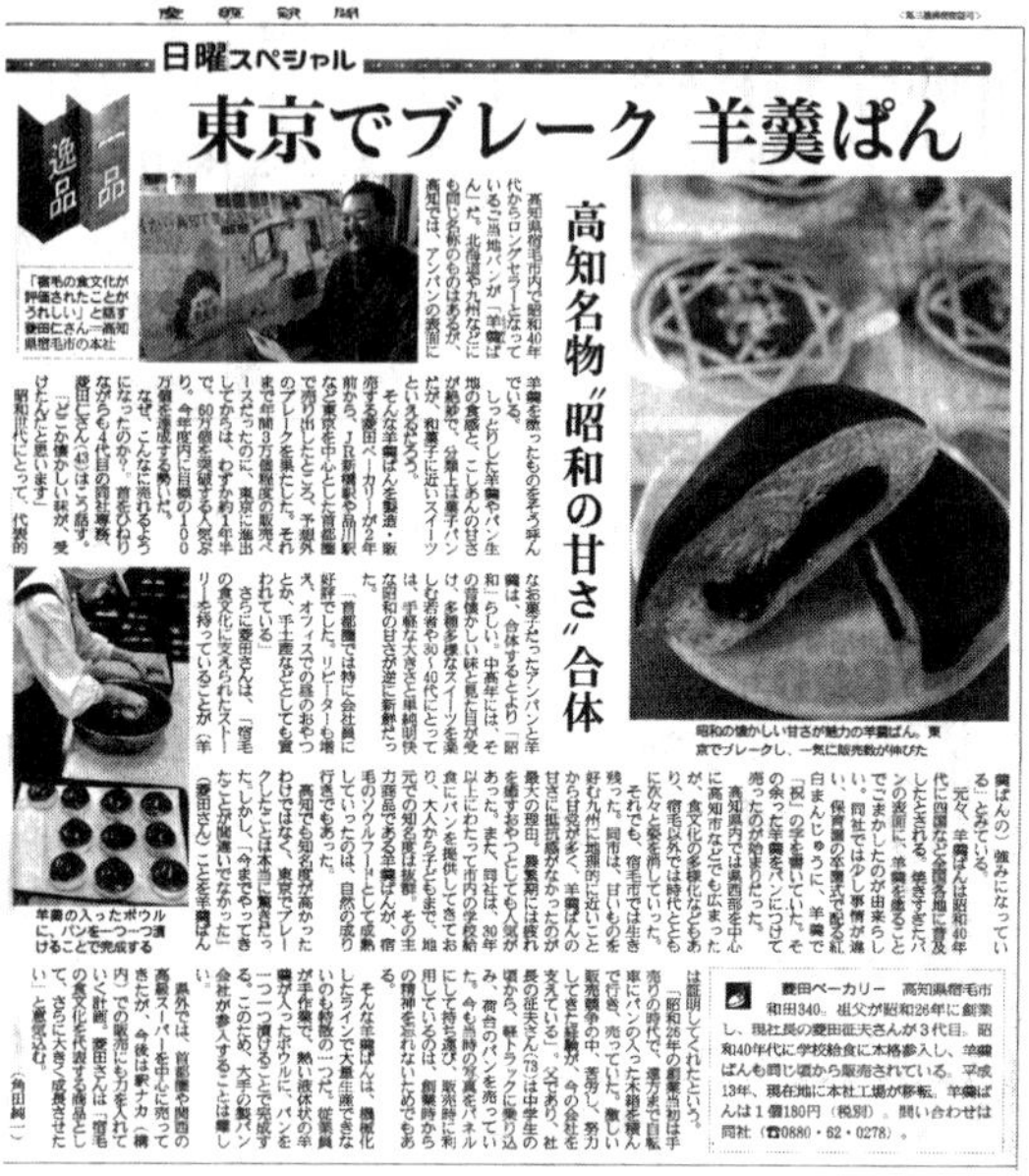
産経新聞

日曜スペシャル

逸品一品

東京でブレーク 羊羹ぱん

高知名物"昭和の甘さ"合体

高知県宿毛市内で昭和40年代からロングセラーとなっているご当地パンが「羊羹ぱん」だ。北海道や九州などにも同じ名称のものはあるが、高知では、アンパンの表面に羊羹を塗ったものをそう呼んでいる。

しっとりした羊羹やパン生地の食感と、こしあんの甘さが絶妙で、分類上は菓子パンだが、和菓子に近いスイーツといえるだろう。

そんな羊羹ぱんを製造・販売する菱田ベーカリーが2年前から、JR新横浜駅や品川駅など東京を中心とした首都圏で売り出したところ、予想外のブレークを果たした。それまで年間3万個程度の販売ペースだったのに、東京に進出してからは、わずか約1年半で、60万個を突破する人気ぶり。今年度内に目標の100万個を達成する勢いだ。

なぜ、こんなに売れるようになったのか？　首をひねりながらも4代目の同社専務、菱田仁さん(43)はこう話す。

「どこか懐かしい味が、受けたんだと思います」

昭和世代にとって、代表的な和菓子だったアンパンと羊羹は、合体するとより「昭和」らしい。中高年には、その昔懐かしい味と見た目が受け、多種多様なスイーツを楽しむ若者や30～40代にとっては、手軽な大きさと単純明快な昭和の甘さが逆に新鮮だった。

「首都圏では特に会社員に好評でした。リピーターも増え、オフィスでの昼のおやつとか、手土産などとしても買われている」

さらに菱田さんは、「宿毛の食文化に支えられたストーリーを持っていることが（羊羹ぱんの）強みになっている」とみている。

元々、羊羹ぱんは昭和40年代に四国など全国各地に普及したとされる。焼きすぎたパンの表面に、羊羹を塗ることでごまかしたのが由来らしい。同社では少し事情が違い、保育園の卒園式で配る紅白まんじゅうに、羊羹で「祝」の字を書いていた。その余った羊羹をパンにつけて売ったのが始まりだった。

高知県内では県西部を中心に高知市などでも広まったが、食文化の多様化などもあり、宿毛以外では時代とともに次々と姿を消していった。

それでも、宿毛市では生き残った。同市は、甘いものを好む九州に地理的に近いことから甘党が多く、羊羹ぱんの甘さに抵抗感がなかったのが最大の理由。農繁期には疲れを癒すおやつとしても人気があった。また、同社は、30年以上にわたって市内の学校給食にパンを提供してきており、大人から子どもまで、地元での知名度は抜群。その主力商品である羊羹ぱんが、宿毛のソウルフードとして成熟していったのは、自然の成り行きでもあった。

高知でも知名度が高かったわけではなく、東京でブレークしたことは本当に驚きだった。しかし、「今までやってきたことが間違いでなかった」（菱田さん）ことを羊羹ぱんは証明してくれたという。

「昭和26年の創業当初は手売りの時代で、遠方まで自転車にパンの入った木箱を積んで行き、売っていた。激しい販売競争の中、苦労し、努力してきた経験が、今の会社を支えている」。父であり、社長の征夫さん(73)は中学生の頃から、軽トラックに乗り込み、荷台のパンを売っていた。今も当時の写真をパネルにして持ち運び、販売時に利用しているのは、創業時からの精神を忘れないためでもある。

そんな羊羹ぱんは、機械化したラインで大量生産できないのも特徴の一つだ。従業員が手作業で、熱い液体状の羊羹が入ったボウルに、パンを一つ一つ漬けることで完成する。このため、大手の製パン会社が参入することは難しい。

県外では、首都圏や関西の高級スーパーを中心に売ってきたが、今後は駅ナカ（構内）での販売にも力を入れていく計画。菱田さんは「宿毛の食文化を代表する商品として、さらに大きく成長させたい」と意気込む。

（角田純一）

「宿毛の食文化が評価されたことがうれしい」と話す菱田仁さん＝高知県宿毛市の本社

昭和の懐かしい甘さが魅力の羊羹ぱん。東京でブレークし、一気に販売数が伸びた

羊羹の入ったボウルに、パンを一つ一つ漬けることで完成する

菱田ベーカリー　高知県宿毛市和田340。祖父が昭和26年に創業し、現社長の菱田征夫さんが3代目。昭和40年代に学校給食に本格参入し、羊羹ぱんも同じ頃から販売されている。平成13年、現在地に本社工場が移転。羊羹ぱんは1個180円（税別）。問い合わせは同社（☎0880・62・0278）。

2017年1月15日　産経新聞大阪本社版

第5章

地方発・全国ブランドを実現するメディア選びと発信術

1 地方発・全国ブランドを狙うパブリシティとは

PRは地方から

本書の冒頭でも述べた通り、地方の企業が独自の情報発信を行い、全国的に認知度を高めることは決して不可能ではありません。不可能ではない、というよりも、地方の会社だからこそ東京よりずっと早く、確実にそれらが実現するという有利さもあるのです。社長自身が誠意と熱意を持ってPRを根気強く実践すれば、マスメディアの協力によって「地方発・全国ブランド」になることができる。そしてそれは決してお金の掛かるものではない、ということをここでもう一度確認しておきたいと思います。

地元のマスメディアは地元中小企業のニュースを探している

スポーツでも音楽や文化の分野でも、全国レベルの大会に出るためには、県大会・地方大会を勝ち抜く必要があります。地方大会で勝つ実力もないまま、いきなり強豪がひしめく中に飛び込んでも勝負になりません。

全国的なメディアに取り上げられるようになりたければ、まずは、地元のメディアに頻繁に登場する常連企業を目指しましょう。

大都市圏以外の各県には、上場企業・大企業がせいぜい数社から数十社しかありません。地元紙の経済面や全国紙の県版に頻繁に取り上げられるような大企業はごく一部で、あとは中小企業や零細企業の記事が日替わりで登場しているはずです。

ところがその割に、地方の中小企業が積極的に情報を届けていないので、新聞社は地方経済面や各県版の紙面を、また、テレビ局は毎日のローカル枠を埋めるために、いつも懸命にネタを探して苦労を重ねています。

そうした、地方のマスメディアのニーズに応えてあげることは、メディアと自社の相互の利益関係を作ることにもなるのです。

地元の会話に上るようになれば全国ブランドが近づく

地元の地方紙、朝日・読売・毎日・産経・日経など全国紙の地域面、各県のローカルテレビ。これらのメディアのどこかで、あなたの会社のニュースが何度も取り上げられるようになると、地域社会や同業他社からの見る目が変わってきます。

たとえば人々の口から「(地元で)○○といえば、□□社さんがよくテレビに出てるね」「□□社さん、最近頑張ってますよね」という言葉が生まれてきます。それは会社の売上規模にかかわらず、県内の人たちの頭に浮かぶブランドとして、あなたの会社が「県で一番」になりつつあるということです。実はこの効果は、テレビCMを出すよりはるかに早く現れてきます。

その頃にはすでに、新しい取引先が生まれてきたり、受注の増加が目に見えてきたり、事業にも良い影響が出始めてきているはずです。

地方メディアでの報道とwebサイトが全国デビューのカギ

そうした報道実績を積み重ねるうちに、地方で報道されたニュースを東京のマスメディアがキャッチして全国露出につながるケースがあります。

テレビで最近、全国の知られざる優良企業を発掘したり、儲かる会社の秘密などを紹介する番組が目立つようになりました。企業のロケはスタジオセットやタレントへのギャラが節約でき、視聴率もそれなりに稼げることから、重宝される傾向があります。

担当ディレクターやリサーチャーは、新聞記事やテレビ番組のデータベースで頻繁にキーワード検索をしています。そうした番組に取り上げられるには、地方紙でも全国紙でもテレビでも、できる限り露出実績を増やしていくことです。

そして、後述しますが、自社のwebサイトの情報を厚くして、メディア担当者のアンテナに捉えられるような対策をとること。これらが全国デビューへの近道となるのです。

2 地方での新聞社向けパブリシティ

絶対的な占有率と影響力を持つ各県地方紙

大都市圏では、読売・朝日・毎日・産経の4大新聞と日本経済新聞が強い影響力を持ちますが、地方の各県ではそれぞれの地方紙（県紙ともいう）が圧倒的な発行部数と影響力を持っています。

比較的人口が少ない県のほうが地方紙の占有率（世帯普及率）が高い、つまり地元での影響力が強い傾向があります。その他の地方各県でも、代表的な地方紙はおおむね5割以上の読者を抱えています。各紙とも部数は減少傾向にありますが、県内への情報波及効果を狙うのに最も効率的なメディアであることは変わりません。

地方紙の中で、北海道新聞（北海道）、中日新聞（愛知）、西日本新聞（福岡）などは「ブロック紙」と呼ばれ、複数県にわたって全国紙を上回る部数と影響力を持つ新聞もあります。

夕刊は、ネットの普及により新聞の即時性が薄れたことや、部数が減少してきたことなどから廃止する社が相次いでおり、朝刊のみの地域が大半になってきました。

記事の半分以上は通信社の配信記事

地方紙の紙面（記事）の6割以上は、後で説明する「共同通信社」などから配信される記事が使われています。政治・経済・国際・文化・社会面といった、世界規模、全国規模のニュースは、地方紙の記者では直接取材が難しいことから、通信社と提携して記事の配信を受けているのです。そのため、全国の地方紙のそれらの面はほぼ似た内容の記事が占めることが多いです。

そのほかの地域社会面や地方経済面、文化・家庭情報面などは、地方紙の記者が直接取材し執筆しています。県庁所在地のほか、県内の主要な場所に支局や担当記者を置いて、きめ細かく取材していますので、全国紙よりもはるかに詳細な地元の情報まで拾ってもらえます。

全国紙の地方支局は縮小傾向

企業としては、地方紙だけでなく全国紙や日本経済新聞にも記事を掲載してほしいところです。各県の県庁所在地には5大紙（読売・朝日・毎日・産経・日経）の支局（総局と呼ぶ場合も）があり、地域内のニュースを取材して地域版、または県版で、そして重要なニュースは東京・大阪などの本社版で報じる体制を取っています。

ただこのところ、どの新聞も販売部数が減少しているため、地方支局の記者の人員が削減される傾向にあります。

20世紀の終わり頃までは、読売・朝日は県都の総局（支局）に10人以上、県内主要都市に数人の支局員、そのほかの地域に1人ずつの通信員を配置して、くまなく情報を拾う体制ができていました。今は、県庁所在地以外の支局や通信部の閉鎖が相次いでいます。どの社も少ない人員で、広いエリアの情報を取材しなければならず、各記者は手が回りにくい状況になっています。

日本経済新聞や産経新聞では、人口が少ない県の支局には記者兼任の支局長を1人置くだけというケースも。面積が広い県ではさすがに1人で隅々まで取材するのは物理的に無理があります。したがって県庁所在地周辺のネタや、プレスリリースとして持ち込まれるネタのほかは、記事化されにくいという状況も生まれています。

記者は各記者クラブ担当に分かれている

各新聞社の地方支局は、県政、市政、警察、教育、経済など、その地域にある「記者クラブ」ごとに1~2人の担当記者が加盟しています。いくつかのクラブを掛け持ちしている記者もいます。また、急に起きる事故や事件に備えて、記者クラブに所属せず県内全域のあらゆる分野に対応する「遊軍」と呼ばれる記者も数人います。

このうち、中小企業の動きを取材してくれるのが経済担当記者です。経済担当記者は県内の上場企業や電力会社・鉄道会社など公共性の強い企業のニュースを取材しながら、注目すべき中小企業の動きも細かく取材して記事にしています。

地方でのパブリシティはやればやるだけ結果が出る

記者たちにとって、ニュースネタとなる情報を提供してくれる会社はとてもありがたい存在。なのに、中小企業や地元の商店などが地方紙や全国紙の支局に自らプレスリリースを持ち込んだり、取材を要請したりしてくるケースはまだまだ本当に少数です。

需要と供給でいえば、メディアの需要に中小企業からの情報の供給が追い付いていません。地方でのパブリシティはやればやるだけ結果が生まれる状況にあるのです。

3 東京と地方のテレビ事情

NHK、民放の概要

日本のテレビ局は、NHKと民放（民間放送）、さらにCS（通信衛星TV）、BS（衛星TV）、ケーブルテレビなどに分かれます。

NHKは、東京を本拠地として全国47都道府県に放送局を置き、それぞれに番組やニュースの制作を行っています。全国くまなく視聴可能な公共放送（国営放送ではありません）で、電波媒体としては国内最大の影響力を持ちます。

公共放送という立場から、特定の団体や企業の利益とならないよう、具体的な会社名や商品名を画面やコメントとして極力出さないようにしています。

一方、民放はキー局となる大手テレビ局が東京に5社（フジテレビ、テレビ朝日、日本テレビ、TBS、テレビ東京）あり、大阪、名古屋には準キー局の5社、そのほかの各県を本社とする1〜4社のローカルテレビ局が、キー局の系列として全国ネットワークを形成しています。ローカル局は、全体の放送時間の何割かを全国で共通の番組に充て、そのほかの時間は独自で制作した番組を放送しています。

民放テレビのキー局はNHKと違い、東京（首都圏）以外に取材拠点をほとんど持っていません。ですから、地方での大きなニュースは系列のローカルテレビが取材して、キー局を通じて全国に流す体制を取っています。

民放ローカル局は、地域のニュースネタを待っている

民放は、地方では各県に1～4社のテレビ局があって、地元に密着したニュースを放送する番組を持っており、優先的に地元のニュースを取り上げるようになっています。

地方のニュース番組はたいてい、正午前後、夕方（17～18時台）、夜（21時台）などに分かれています。平日夕方の時間帯の全国ネットニュース番組のうち、1時間前後が各地方局の持ち枠となっていることが多く、この時間帯を埋める量のニュース素材を集めるのに各局とも苦心しているのが実情です。

また近年、ローカルテレビ局で地元の頑張る企業を紹介する経済情報番組が目立つようになってきました。これらの番組の多くは、社長へのインタビューや社内の様子などていねいに取材して、5～15分にもわたって放送してくれるので、企業にとっては大きなPR効果が得られます。

各局は、地域の文化と共に地域経済を活性化するという使命を持っていますので、その

ネタを放送することで地域にプラスの刺激が生まれると判断すれば、取材します。

ぜひ積極的にアプローチして取材を獲得したいところです。

独立UHF局、ケーブルテレビはエリア限定

5大ネットワークに属さない民放として、独立UHF局があります。これは、首都圏や関西などキー局・準キー局がカバーするエリアの各県で、ローカル情報を中心に取材・放送するテレビ。地域の特色を生かした番組作りで、地元の固定ファンをつかんでいます。

そのほか、各地域のケーブルテレビ局も地域に密着した情報を集めて報道しています。地元の情報に特に関心が高い高齢者などに視聴者が多く、地域密着のイベントを開催するときなどに情報を提供すると効果的です。

ラジオも価値が見直されている

各県には、NHKと主要なテレビ局の傘下のAMラジオ局、また、全県域で聴取できるFM局と、市域に限定されるコミュニティFM局などが独自の番組を放送しています。

ラジオのリスナーはテレビほど多くありませんが、地方では通勤の行き帰りの車の中で必ずラジオを聞くようなコアなファンがいますので、情報番組などでイベントや新商品を

紹介してもらえばPRにつながります。

また、全国のラジオ番組が一定期間、インターネットを通じて聞ける「radiko」などのエリアフリー、タイムフリーサービスが開始されたため、今また、若者向けのメディアとしてその価値が見直されています。

4 テレビ向けパブリシティのコツ

東京のテレビ局は間口が狭く敷居が高い

今世紀に入って、家庭へのインターネットの普及とともにテレビ離れが進み、メディアとしての価値が失われるのではないかと危惧されてきました。しかし日本では今なお社会に与えるインパクトにおいて、テレビが最強のメディアであることに変わりありません。

企業としては、東京のキー局の人気番組に取り上げてもらいたいところではありますが、地方の中小企業の話題で全国ネットに乗せられるネタはめったにありません。誰もが憧れる東京のテレビ番組は、それだけ敷居が高いのです。

地方の中小企業の場合は、テレビでもまずはローカル局のニュース番組や情報番組に確実に取り上げてもらい、東京のテレビ局のセンサーにキャッチされるきっかけを作るのがセオリーです。

地元のローカル番組に取り上げてもらうには

一般的に、地方の中小企業や商品がテレビで取り上げられる可能性があるのは、各県のローカル局が自主制作する「ニュース」か「地域情報・バラエティ番組」の番組内となります。

地域のニュース番組では、時流や季節など、地元の視聴者が関心を持つテーマに合った企業活動や新商品などがあれば、ネタとして提供することで取材・報道してもらえる可能性があります。

情報・バラエティ番組は、報道とは別の制作チームが担当しており、責任者以外は外部の制作会社に委託するケースが多いです。それぞれの番組のディレクターは、企画趣旨と各回のテーマに合う話題を常に探していますので、番組内容を把握しておき、それぞれのテレビ局の番組窓口に向けて情報提供すれば、番組内での紹介につながる可能性が出てきます。

ローカルニュースの取材基準は「地域社会に役立つ」「面白い画《え》が撮れる」

全国ネットのテレビでは、視聴率の数字がそのまま番組の評価となるので、そのネタを取り上げるかどうかは「視聴率につながるか」が大きな判断材料になります。一方、ローカルの場合は視聴率ありきというより「地域社会に役立つ情報か」という点が重視されます。

テレビでは何より映像の力が大きく、重要です。「映像で見て面白いこと」「動きがあること」も欠かせません。テレビで取り上げてもらいたいときには、「視聴者が見て面白い画《え》が撮れること」を重視してください。

テレビは、その瞬間を切り取る映像がなくては放送できません。地元企業が、「うちに取材に来ればこんな面白い映像が撮れますよ」というネタを提供するのは、テレビ局の報道担当者にはとても助かることなのです。

また、訴えるべき「モノ」や「コト」が映像として表現しにくい時は、「人」にスポットを当てるという手もあります。テレビ取材を狙う際には、案件に関わる「人」についても提案資料の中に盛り込んで紹介することをお勧めします。

プロジェクトの責任者や、開発担当者などの経歴や仕事ぶりを取材することで、まだ形が見えないモノや、映像化しづらいコトをストーリー仕立てで見せていくのは、テレビが得意とするところです。

イベントのテレビ取材を狙う穴場の日は

企業が一般市民向けのイベントやお祭りを企画するとき、週末にしようと考えるのが普通でしょう。でも実は、テレビ取材を誘致したいなら土・日曜日のイベントは避けるべきなのです。理由は「需要と供給のバランス」。

①土・日曜日は番組編成上ローカルニュースの時間枠がわずかしかない
②テレビ局の報道スタッフも休みを取る人が多く、取材クルーが少ない
③週末は企業だけでなく学校や自治体などイベントの取材要請が多い

つまり、供給されるネタの量に比べてテレビ局側の需要が少ないのです。

狙いは、ウイークデーにある「祝日」にあります。月〜金の祝日、テレビは平日編成ですからローカルニュースの枠は大きい。取材クルーも揃っています。週末ほどイベントも多くないので、取材に来てもらえる確率がそれだけ高まるのです。

私のクライアントのある企業では十数年来、毎年決まった祝日に恒例イベントを開催しており、多くの集客と同時にいつも複数のテレビ取材を獲得しています。

5 全国デビューのための重点メディア

地方から全国に向けてアピールしたいビッグなネタがあるときに重視すべきマスメディア、つまり、全国との距離が一番近いメディアはどれかというと、ズバリ「NHK」「共同通信社」「日本経済新聞」です。

NHKも地方の企業の話題を取り上げる

NHKは公共放送なので企業の商品やサービスを取り上げないかというと、そんなことはありません。企業の取り組みが、地域の社会や経済を活性化させるものであれば、一企業の話題でも普通に取材し紹介してくれます。

NHKは企業名をあからさまに読み上げたりテロップで表示したりすることはできないので、「○○市の△△メーカー」のような紹介になり、取材されても自社のことが具体的にわからない場合があります。ただ最近は、インタビューの背後に看板やポスターなどが自然に映り込むように工夫してもらえることもありますし、当該番組のwebサイトに企業名、連絡先を掲載するケースも増えてきました。

NHKには朝と昼、夕方、夜9時台にそれぞれローカルニュースの枠があり、地域の話題を紹介しています。NHKでは全国各局で放送された素材を東京に集約しているので、東京のデスクが「全国規模で知らせる価値あり」と判断したローカルニュースは、全国ネットでそのまま、あるいは再編集されて報道されることもあり得るのです。

通信社はマスメディア向けの情報商社

共同通信社の事業の柱は、新聞・テレビ向けのニュースの配信です。日本全国と世界の主要な国々に記者を配置し、加盟するメディアにいち早く原稿を提供し買ってもらうのです。

一方、時事通信社が得意なのは経済・マーケット情報。証券会社などにオンラインで情報を売るほか、行政向けとして自治体などにもニュース配信をしています。

中小企業のニュースを全国に広げるという目的に適うのは、共同通信社です。同社から配信を受ける約60社の発行部数を合計すると約2000万部。読売新聞と朝日新聞の全国の合計部数をも上回る「巨大メディア」です。

大都市圏以外の地方では、地元地方紙のシェアは50~80%にも上りますので、全国に自社のニュースを広げたいときは、朝日や読売よりも共同通信から配信されるほうが効率的

写真５－１　「婚活列車」運行を伝える記事

☆…車窓の景色を眺めながらお見合いをする「婚活列車」が三日、JR彦根（滋賀県彦根市）―高松（高松市）間を走った。彦根城と高松城跡がある両市の「姉妹城都市」提携から五十周年を記念した企画。

☆…香川県と彦根市の男性三十一人と、全国から応募した女性三十二人が参加。特別列車の客車の中で男女が向き合って会話した＝写真。カップルになった女性(三一)は「普段はない出会い。内装も豪華で忘れないと思う」。

☆…最後の高松藩主松平頼聰と、彦根藩主井伊直弼の次女弥千代が、幕末から明治初期の政変を乗り越えて結ばれた逸話にあやかり、彦根、高松両商工会議所会頭らでつくる実行委員会が実施した。

東京新聞（2016年７月４日夕刊・共同通信社配信）

な場合があるのです。

私が関わったPRの一例としては、２０１６年の夏に行った、香川県高松市の高松城、滋賀県彦根市の彦根城の姉妹城都市提携50周年記念事業。ＪＲの豪華列車を借り切り、彦根駅から高松駅までの「婚活列車」を運行しました。

事前の記者会見と、イベント当日に各メディアを招いて取材してもらいましたが、特に共同通信社高松支局の若手記者が列車に乗り込んで取材し、即日全国に配信してくれたことで、北は北海道から南は鹿児島県まで、全国各県の地方紙を含む数十のメディアで報道され、大きな反響がありました（**写真５－１**）。

日本経済新聞は独自ネタを重視

日本経済新聞は、日本の経済の中心である東京と十大都市以外の各県の支局は少人数体制。記者は支局長まで含めて１～３人という支局が大半です。

地域経済面は北海道・東北・新潟・長野・北関東・首都圏・静

岡・中部・北陸・近畿・中国・四国・九州版がそれぞれあり、首都圏では各県版、大阪では大阪・京滋・兵庫県版、中国では広島県版、九州では沖縄県版が分かれています。

日本経済新聞は、経済ネタに関しては独自取材を第一としているため、リリース配布による一斉発表では扱いが小さい半面、記者に個別に情報提供すると比較的大きな記事になるケースが多いです。

さらに、地方経済面の記事が日経産業新聞、日経ＭＪ（流通新聞）にも転載される可能性があります。特にＢ to Ｂの企業では、波及効果は他紙の何倍にもなります。

一県だけでなく、全国の何社かがアライアンスを組んで事業を行うような大きなネタのときは、一足飛びに東京本社版や大阪本社版の本紙に掲載されることもあります。

日本経済新聞は、ニュース価値とアプローチの仕方次第で、いきなり全国デビューも夢ではない、魅力的なメディアなのです。

6 ニュースネタの発信方法①

プレスリリースを記者クラブで配布する

最も簡単で基本的なネタの届け方は、地元の記者クラブでプレスリリースを配ることです。

各県の県庁所在地の記者クラブには、地元の地方紙のほか日経・朝日・毎日・読売・産経の各紙、NHKと地元のテレビ局、共同通信社と時事通信社、そのほか主要なメディア数社が所属しています。

記者クラブは県政、市政、経済、教育などそれぞれに担当が分かれ、各メディアの記者が加盟しています。企業のプレスリリースを受け付けてくれる経済記者クラブは、商工会議所の中にある場合が多いですが、県庁内の県政記者クラブと兼ねていたり、国の合同庁舎の中にあったりと、各県によって体制が異なります。

自社のリリースをどこに配布してよいかわからないときには、地元地方紙の報道局に電話して「○○会社のプレスリリースを配布したいのですが、該当する記者クラブはどこにありますか?」と訊ねれば教えてくれます。さらに、そのメディアの経済担当記者の名前と連絡先がわかれば、記者クラブの人数や配布のルールなども教えてもらえます。

記者クラブでの発表方法

①プレスリリースを一斉配布する「投げ込み」

通常は、プレスリリースを加盟社の数だけコピーして持参し、記者クラブの入り口にある郵便受けのような配布ボックスに一部ずつ投函していきます。記者クラブでのリリースの一斉配布を「投げ込み」とも言います。投げ込みの場合は、予約や事前連絡の必要がない場合が多いです。

②説明（レクチャー）を伴う一斉配布

プレスリリースを投げ込むだけでなく、社長からの説明や、その場で実際の製品を見せたい場合は、事前に時間を決めて「レクチャー付き資料配布」にする場合もあります。その際は、記者クラブの幹事社（加盟社の中で1～2カ月ごとに替わり、加盟社への連絡の窓口になるメディア）に事前に連絡して「レク付き」にしたい理由を伝え、日時を調整してもらい、決まった時間にクラブに出向いて説明をします。その場で直接取材を受けるので即日、あるいは翌日にも報道してもらえる可能性が高いです。

ただし、レク付きだからといって、全社の記者が集まってくれるとは限りません。勇んで出かけたら地方紙の記者一人しか聞いてくれなかった、ということもあり得ます。

③記者会見

会社の合併や解散、事業提携など、社会的影響が大きな案件で、ぜひ加盟する全メディアに取材してほしい時には「記者会見」を設定します。中小企業が記者会見まで行う案件は滅多にありませんが、記者クラブでの発表形態のひとつとして覚えておいてください。

④記者説明会・発表会

新しい工場の竣工や、新プロジェクトの発表など、大々的に報道される価値がある案件の時には、記者クラブに出向くのではなく、自社の本社や工場、ホテルなどの会場に記者を招いて、実際にモノを披露し、写真や映像を撮ってもらい、社長などがじっくりと質問やインタビューを受ける場を設けることもあります。

事前に記者クラブの幹事社に連絡し、発表案件の概要を説明して了解を得たうえで、加盟各社にご案内状としてのプレスリリースを配布します。

発表会への参加・不参加の確認は、幹事社が取りまとめてくれる場合もありますが、基本的には企業側が加盟する各社に個別に連絡をして確認することが必要です。

また、説明会・発表会の場合は、記者クラブ加盟社だけでなく業界紙や雑誌、ラジオなど関係するメディア、さらにアルファブロガーなど有力なインフルエンサーに声を掛けて集まってもらうこともできます。

7 ニュースネタの発信方法②

取材依頼

記者クラブでプレスリリースを配布するのがPRの方法として一般的ですが、あるネタについて、特定のメディアにより大きく取り上げて欲しいときは、個別に取材を要請する方法もあります。

そのネタが掲載されるのに最適なメディア（記者）を選んで、独占的に新しい情報を提供することで、より詳しく取材してもらい、大きな記事になることを狙うのです。地方をまたいで全国的なスケールの取り組みをするときは、なるべく大きな扱いにしてほしいので、特定の社に託してみるのもいいでしょう。

記者にとって、自分だけに特別にもたらされるネタは「特ダネ」であり、それが社会に大きく影響を及ぼすものであれば「スクープ」となります。各メディアとも、独自ネタは記者クラブでの発表モノの記事より優先的に大きく掲載する傾向があります。

上場企業の場合、情報公開の公平性やインサイダー取引防止という面から、社会的に影響のある案件の発表は、該当する記者クラブで同時にすることとされています。中小企業にはそのようなルールはありませんから、時と場合によって、独占的な情報提供によって大きく扱ってもらうのもＰＲ戦略のひとつです。

ただし、いつも一部のメディアだけを重視して情報提供が片寄るのは危険です。経営者からは「うちは○○新聞と地元の△△新聞に載れば十分。それ以外は付き合わない」などという声を聞くこともありますが、企業の広報姿勢が問われますし、他のメディアの記者が耳にしたら、以後のプレスリリースを無視されることさえあり得ます。

ＰＲはあくまで全方位外交が基本。バランスをよく考えて、さまざまな手段を組み合わせていきましょう。

企画提案

社会の動きや風潮、季節の話題など、新聞記者やテレビ番組の制作者が考える特集記事の企画を、企業側で考えて提案し、その一部に自社の取り組みを入れ込んでもらうことを狙います。

記者の仕事は、記者クラブの発表ネタだけを記事にしていれば良いのではなく、自分でネタを探し、独自の特集記事の企画を考え取材しなければなりません。日ごろの取材活動が忙しい記者は、なかなか新しい企画を考える時間がないのです。

そんなとき、来月あたりに記事や番組にするのに適当なテーマとアイデアを提案してあげると、記者としては「渡りに船」というタイミングに当たることがあります。

たとえば「受験応援、合格祈願ネタ」は、冬場の旬の話題として毎年報道される定番企画です。単なる新商品紹介では小さな記事にしかならないネタが、同じテーマでいくつかのネタが集まることで大きな記事になり、反響が何倍にもなり得ます。

自社がその冬に「絶対にずれ落ちない、合格祈願パンツ」を商品化することが決まっていれば、合格祈願にまつわるネタを調べて集め、自社以外の商品についても取材先候補案件として参考資料にまとめ、記者に教えてあげるのです。

新聞やテレビで、各シーズンにどんな特集が組まれているかを調べる、あるいは今から話題になる社会の動きは何かを探る。そうした、世の中が注目する動きに自社の商品や取り組みを関連付けることができれば、取材・報道される確率はぐっと高まります。

メディアキャラバン

メディアキャラバンとは、社長や広報担当者がマスメディアの本社や支局を直接訪問し、実際に担当記者に会って説明し、取材獲得につなげていこうという、アクティブな取り組みです。

メディアキャラバンは、東京などで外資系の企業や化粧品会社、アパレル関係のプレス（広報）がよく行っています。企業から委託を受ける我々PR会社も、マスメディア各社に直接出向き、プレスリリースを手渡しし、取材をお願いする機会がたいへん多いのですが、中小企業の社長が自ら積極的にマスメディア各社に出向いてプロモートしているケースはまだまだ少ないです。

ニュース性の高い案件があるときには、ターゲットとするメディアをリストアップして、本社・支局や編集部を直接訪ねてみてください。

メディアの窓口がわからなくても、代表番号に電話をかけ、新聞・雑誌であれば編集部や、テレビであれば報道制作部などにつないでもらって、自分の身元を説明し、ニュースネタの提供であることを説明すれば、かなりの確率で面会ができます。

実際に面会したら、商品があれば商品と、簡潔にまとめた資料を渡して説明をしましょう。その日にすぐ取材となるか、改めて連絡を待つことになるかはわかりませんが、何らかのレスポンスがあるはずです。

8 ニュースネタの発信方法③

前項までは、マスメディアに直接、ニュースネタを届けるパブリシティの方法について述べてきました。そのほか、マスメディアに情報を提供することを生業としている会社や、インターネットを介して、さまざまなメディアの目に触れるような活動をしている人なども、ネタの提供先として考えてみましょう。

プレスリリース掲載サイト

東京や大阪には、マスメディアへのプレスリリースの配信サービスを専門に行うPR会社があり、それなりに実績はありますが、費用対効果で考えると中小企業には厳しいでしょう。

それよりネット上にいくつか、プレスリリースを無料で掲載できるサイトがありますのでそこに毎回掲載するほうがお勧めです。

実際、無料サイトに掲載されたリリースを見てメディアが直接取材を申し込んでくることは稀です。しかし、自社の社名や商品名で検索した際に、自社ｗｅｂサイトと並んで複数のプレスリリースが表示されることで、メディアだけでなく消費者にも見つけてもらいやすくなるのは事実。何より低予算で露出を高めることができますので、やらないよりはやったほうが良いでしょう。

無料で掲載できるプレスリリースサイトはたとえば以下のようなものがあります。

- OpenPress（http://open-press.info）
- ValuePress!（https://www.value-press.com）
- AEROPRES（http://www.aeropres.net）
- GIGAZINE（http://gigazine.net）
- ロケットニュース24（https://rocketnews24.com）
- ぷれりり・プレスリリース（http://www.PRerele.com）
- プレスリリースゼロ（http://PRessrelease-zero.jp）
- マイナビニュース（https://news.mynavi.jp）
- はてなブックマークニュース（https://b.hatena.ne.jp）

テレビ番組リサーチ会社

ここでいうリサーチ会社とは、消費者アンケートやモニター調査、定点観測などを行うマーケットリサーチ会社ではありません。

主に在京キー局、準キー局の情報番組、バラエティ番組、ドキュメント番組などの制作スタッフとして関わり、番組の企画内容やコンセプトに沿った情報を口コミやインターネット、雑誌、新聞などからさまざまな方法で探して、提供する会社です。

情報番組の中で紹介される企業や商品、人物、動物、衝撃映像などは、番組ディレクターから依頼されてリサーチ会社が見つけてきた素材である場合が多いのです。ということは、自社のネタを紹介して欲しいテレビ番組があれば、番組のコーナー担当のディレクター宛てにリリースを送るのと同時に、その番組に関わっているリサーチ会社の担当者にも絶えず情報を提供しておくと、番組の企画の中で取り上げてもらえる可能性が高まります。

リサーチ会社は、各テレビ番組の終わりに流れる製作スタッフのテロップの中で「リサーチ」と表示された会社が確認できますので、自身でリサーチしてください。

アルファブロガー、ユーチューバーの活用

月間数十万PVに及ぶ「アルファブロガー」、チャンネル登録者数が数万人にも及ぶ有名な「ユーチューバー」は、基本的には一般人ですが、PRにもつながる新しいメディアとして位置づけることができます。企業側もその可能性に気付き、彼らに向けた説明会を

開くなど、ネットでの情報拡散に期待する動きも増えています。

業種や目的によっては、新商品のサンプルと参考資料を送ってみても良いでしょう。ただ、ブロガーやユーチューバーが特定の企業の商品を褒める記事や動画をアップすると「ステマ」（ステルス・マーケティング。宣伝と気付かれないように宣伝することで消費者をだますことにつながる）とされ非難される恐れがあります。いっそ彼らに企業公認のサポーター（アンバサダー）を委嘱し、堂々と明示して情報発信するPR手法もありです。

送り先は、各社のオファーが殺到する超有名人より、あなたの会社、商品に関係ある分野の情報に特化した話題・動画をうまく発信している人を選ぶべきでしょう。アプローチするときのポイントは、その人のブログや動画についての感想などを一言添えること。そして「取り上げてください」という依頼よりも「こんなネタはいかがですか」という提案です。

9 取材は忘れた頃にやってくる

リリースから2年置いてテレビに登場したお店

ローカルテレビの某情報番組を何気なく見ていたら、ある蕎麦店のご主人がにこやかにインタビューに答えていました。実はここ、私が2年ほど前、あるクライアントを通じてPRを依頼されたことのあるお店でした。

築100年以上の屋敷をリノベーションして店を始めたもので、見事な庭を眺めながら、贅沢な気分でおいしい蕎麦が味わえる店として紹介して欲しいと、プレスリリースを作って各メディアにプロモートしたのです。

実は、そのリリースを配布したときのマスメディアの反応はいまひとつでした。地元紙や雑誌がいくつか取り上げてくれましたが、結果は満足のいくものではなかったのです。

ところが2年以上経った今、番組に取り上げられているではありませんか。それも結構念入りに取材してくれています。驚いてテレビ局の制作担当者に電話してみたら、「いただいた資料を読んで興味が湧いたから、いつか取り上げたいと思っていました。なかなか合う企画ができなくて、延び延びになっていたんです。遅くなってすみません」という返事。

そのディレクターが、私の送ったリリースをずっと保管してくれていたのです。取材されなかったのは、タイミングが合わなかったというだけのこと。ボツになっていたわけではないというのがわかってホッとしました。

送ったリリースを全部覚えていてくれた

これは私の関わった案件ではないのですが、ある学生服専門店の社長が地元のマスメディアに熱心にプレスリリースを送っていたそうです。衣替えシーズンや新入学シーズンにはいろんな企画を練ったり、凝ったホームページを自作したり、切り口を変えて5回ほどプレスリリースを送ってみたけれどまったく反応なし。見事、全滅。「やっぱり、うちのような個人商店にはマスメディアは来てくれないんだ」と、完全にあきらめかけていたとき……。

ある日、全国紙の記者から「取材に伺いたい」という電話が入ったそうです。取材の趣旨などを聞くうち、その記者から意外な一言が飛び出しました。「○○のサービス、まだやっていらっしゃいますか？」

これまで送ったプレスリリースを覚えていてくれたのです。そして、新入学シーズンに先駆けて「制服選びのコツを専門店に聞く」という特集記事を企画してくれ、その社長に取材を申し込んでくれたのです。おかげで、同紙の地方版に大きく写真入りで掲載されました。

そしてその後、記事を読んだ別の新聞社からも数社、取材され、記事掲載してもらったそうです。

報道できるタイミングを待つことも

マスメディアが記事やニュースとして取り上げるには、新規性だけでなく時代性や社会性も必要になります。その時々で読者や視聴者に受ける内容も変わってくるため、いくら良いネタでもタイミングが合わなければ報道されないことも多いのです。反対にメディア側が、報道できるタイミングを待っていることも多いわけです。

つまり、何度かプレスリリースを送って、その時は取り上げられなかったとしても、継続的に送り続けていれば、いつかは陽の目を見ることもあるということです。

何より、一度マスメディアに掲載されれば、他のメディアの目に留まる可能性が高まります。記者にとって、他のメディアが報道した会社は、それだけ安心して取材できる先でもあるわけです。ひとつの記事をきっかけに、加速度的に取材が増え、露出度が高まって認知度が一気にアップするというケースもよくあります。

要はあきらめずに続けること。そして、一度ぐらい記事が掲載されたからといってそれで満足しないことです。パブリシティもやはり「継続は力なり」といえるのです。

●——日本ご当地タクシー協会

地方の会社がタッグを組むことで全国共通の話題に

四国の代表的観光地「こんぴらさん」のお膝元にある琴平バス。

同社のタクシー部門が約10年前に始めた「うどんタクシー」は、専任のドライバーが観光客を地元の讃岐うどんの名店に案内するもので、「ご当地タクシー」のはしりとして話題となりました。

そして２０１８年、全国各地域の観光タクシー事業者に、サービスの企画やＰＲ・集客面で相互の協力を働きかけ、「日本ご当地タクシー協会」を発足させました。

「アップルパイタクシー」（青森県）、「白河ラーメンタクシー」（福島県）、「燕背脂ラーメンタクシー」（新潟県）、「軽井沢スイーツタクシー」（長野県）、「秋山郷温泉タクシー」（長野県）、「金澤寿司タクシー」（石川県）、「カステラタクシー」（長崎県）、「チキン南蛮タクシー」（宮崎県）など、屋根に乗せたおもしろ行灯《あんどん》が目を引く、風変わりなタクシーが全国各地を走ることで、ＳＮＳなどでの口コミを広げ、新しい観光タクシーの価値創出につなげようとするものです。

今後は「ご当地キャラクター」や「ご当地アイドル」「ご当地グルメ」などのイベン

トとも連動して認知度を高め、「ご当地タクシー」を一般名詞化していきたい考えです。

東京で開催した記者発表会には各地から「ご当地タクシー」が集結。この会見にはテレビ、新聞、通信社、旅行雑誌、交通業界紙など多数のメディアが集まり、北海道から沖縄まで広がる大きな話題となりました。

「うどん」に続け ご当地タクシー

行灯に寿司・ラーメン…名店巡りも

全国9事業者 普及へタッグ

急増するインバウンド（訪日外国人）の新たな観光の足として「ご当地タクシー」を全国に広げる取り組みが動き出した。時間制の定額料金で名所や飲食店を巡り、観光の専門知識を身につけた運転手が案内する。ご当地グルメをかたどったユニークな行灯（あんどん）を車体に掲げるのも特徴。まず9社で立ち上げ、47都道府県への展開を目指す。

訪日客の移動手段では新幹線・鉄道のほか格安航空会社（LCC）の乗り入れも含め、地域の主要拠点に到達する「一次交通」は整っている。一方で地方都市を中心に域内を巡る「二次交通」が不足しており、ご当地タクシーで補う考えだ。

「日本ご当地タクシー協会」を4月に発足させ、香川、石川、新潟など8県にある9つの観光タクシー事業者が参画した。先行する「うどんタクシー」を手掛ける琴平バス（香川県琴平町）の楠木泰二朗社長が協会の理事長を務める。

すしやうどんなどのご当地グルメをタクシーのあんどんとして掲げる

「うどん」の他に青森の「アップルパイ」、新潟の「燕背脂ラーメン」、石川の「金澤寿司」が運行中。料金は各地で異なり、うどんタクシーなら2時間で地元の有名うどん店を2～3カ所巡り、1台で9400円。乗車人数が増えれば1人当たりでは安くなる。

目を引くのが「おもしろ行灯」と呼ぶ車両の屋根の上のオブジェだ。金澤寿司タクシーなら大トロ握り、うどんタクシーなら天ぷらうどんといった目立つ作りとし、SNS（交流サイト）で話題になることも狙う。

名所を巡る観光タクシーは以前からあったが、認知度が低く利用が進まなかった反省を踏まえた。全国で知ってもらうため、日本ご当地キャラクター協会（滋賀県彦根市）に加盟する各地のキャラクターと連携したイベント開催も目指す。

ご当地タクシーをブランドとして確立するため、運転手の質も高める。各社が独自に認定試験を設け、名所やグルメ、歴史などの観光知識を磨く。金澤寿司タクシーでは「100の設問ですしの歴史や魚の呼び名などの専門知識を問い、80点以上で合格」（運行会社の小路昌弘社長）とし、これまで3人のドライバーが認定を受けた。

集客では高速バス大手のウィラー（大阪市）と組み、同社サイトで情報を提供し予約も受け付ける。日本ご当地タクシー協会の加盟社による相互の顧客紹介や、海外への情報発信にも取り組む。楠木理事長は「加盟社を将来は百社、二百社と増やしたい」とネットワーク拡大に意欲を示す。

2018年7月13日　日本経済新聞

各会社単独では、ローカルニュースにしかならないものが、団結すれば全国規模の大きなニュースにすることが可能になるのです。

第6章

記者をサポーターにする、WIN-WINの関係構築法

1 企業とメディアのWIN-WINを

マスメディアとの協力関係がなければ発展はない

自社の商品がどんなに優れていても、他社より安くても、その存在と価値が知られなければ買ってもらうことはできません。商品やサービスの知名度を上げ、その優位性を市場に知ってもらうためには、マスメディアの協力が欠かせないのです。

ホンダやソニー、京セラなど、かつてベンチャーだった企業が超大企業へと成長した背景には、地道な営業努力や広告宣伝への莫大な投資もあるでしょうが、技術の優位性やトップの熱い思い、その企業の社会的存在価値をニュースや記事の形で全国に知らせてくれる、数々のメディアとの協力関係があったことも確かです。

この本の中で、私は一度も「メディアの利用」や「メディアの活用」とは書いていません。ここでも「メディアの協力」としている点に注意してください。PRにおいては、企業とマスメディアの関係は、どちらが上でも下でもなく「対等な協力関係」だということが重要なポイントです。

「広報」と「報道」は「報（知らせること）」を挟んだ対等関係

これは、地方でのＰＲ事業を志すきっかけを作って下さった師匠、山見博康氏（山見インテグレーター社長、広報ＰＲ・危機対応コンサルタント）から直接教えていただいた、私が一番大切にしている考え方です。

各企業は「商品や取り組みを広く知られることを必要とする会社」であり、かたやマスメディアは「価値あるニュースを社会に広く報せることを仕事とする会社」です。

マスメディアは「読者・視聴者」に役立つニュースを選んで報道します。そしてニュースを受け取る「読者・視聴者」は、企業にとっては自社の商品・サービスを知らせたい「お客さま」でもあるのです。企業の「お客さま」とマスメディアの「読者・視聴者」、この両者の利害が一致したとき、晴れてニュースとして報道されることになります。

両者が協力し合い、共存共栄していかなければなりません。

「このネタは読者・視聴者に役立つか」を絶えず考えること

そうはいいながら、「マスメディアをうまく使ってタダでＰＲしたい」と企み、すり寄っていく人たちもまた大勢います。そうした人たちの攻撃に日常的にさらされているので、記者たちはけっこう疑り深くなっています。

最初に電話したり支局を訪問するとき、警戒したりそっけない態度を取ったりするかもしれませんが、彼らの防衛本能ですから理解しましょう。そして、プレスリリースを渡すことができたら、「この商品・サービスを世に出すことが社会のため、地域のために役立つと信じて取り組んでいる」ことを誠意と熱意を持って伝えましょう。

企業側が「会社の名前を広めたい、商品を売りたい」という、目先の欲を出してしまったら、「利用されてたまるか」と、彼らの心は一気に閉じてしまうのです。

記者との関係にお金を絡ませない

また、その新聞に定期的に広告を出稿したり、テレビにCMを流したりしている企業が「うちは広告費を払っているのだから取材に来い」という態度に出たらどうでしょう。記者もサラリーマンですので、上司から「スポンサーの依頼だから行って来い」と命じられれば取材には行きますが、決してそれが「読者・視聴者に役立つニュース」と思ってはいません。

逆に、いくら自社の大口の広告主だとしても、いざ不祥事や事故が起きれば、記者は容赦なく真実を暴きにかかります。

広告費を積んでも記者たちの心は買えません。ですから、企業と記者との関係を良好に保つには、お金が絡まないようにすることです。

目先の利益でなく相互の協働関係を意識する

企業のトップが「マスメディアをうまく利用してタダでPRしたい」と思っている限りは、マスメディアの記者との対等な協力関係は作れません。そうではなくて「読者・視聴者に役立つ商品・サービスを世に出すために、情報を提供したい」という姿勢で、マスメディアと付き合っていくことが大事です。

自分の目先の利益だけでなく、相互の協働関係を意識することによって、企業とマスメディア（記者）との距離がぐっと近づき、結果的に、自社の経営にとって非常に強力な援軍が得られることになるのです。

ローカルメディアとは「息の長いご近所付き合い」

もう一点付け加えると、地方では、大手新聞社の支局とNHK以外はマスメディアといえども地元企業だということ。地方紙とローカルテレビ局の記者の大半は、地元の高校から都会の大学を出てUターンして来たか、地元の大学の卒業生のどちらかです。

初めて会う記者には「出身はどこ？　大学は？」と尋ねてみてください。少しプライベートな会話を交わすと、案外、同じ学校の出身だったり共通の知り合いがいたりして、一気に心理的な距離が縮まることが多いのです。全国メディアではそういうわけにいきません。

もちろん仕事の面ではプロの記者ですから、超えてはいけない一線は守ります。しかし、お互いに素性がわかったうえで「息の長いご近所付き合い」ができるのが、ローカルメディアの良さでもあります。

2 記者という不思議な人々を理解する

記者をあなたの会社の応援団にするために

企業の広報やトップが、メディアの記者たちとどんな付き合い方をするかは、ＰＲの重要なカギ。ひと月に何人の記者と面談できたか。その積み重ねは企業の情報発信力につながっていきます。

相手は新人記者から中堅のデスク、支局長級と幅広いですが、まずは自社を担当してくれる若手の記者を大事にすること。また、各社の記者に対して、発行部数の多さや肩書きで対応を変えない、極力フラットな姿勢を心掛けることも重要です。

そして、記者が取材に来たときには明るく迎え、聞かれたことに明確に答え、記事に盛り込むのに十分な情報を提供すること。これらができたら、記者が企業の応援団となって、プラス記事をどんどん書いてくれるようになります。

ともあれ、記者と付き合うにはまず、記者の気質を知っておかなくてはなりません。

記者とは、こんな人たち

彼らは単刀直入に言って、次のような人種です。

①面白い話を欲しがる

面白いといっても、単に「笑える」だけの話には興味がなく、「目新しい」「社会的関心が高い」「今、旬な」情報で、頭の隅に「！」や「？」が湧くモノ、コトであれば興味を持ちます。

②根拠（数字・事実の裏づけ）を欲しがる

記者は原則として、客観的な第三者の視点で記事を書かなくてはいけないので、「本当のこと」「情報の根拠が明らかなこと」しか書けません。誤った情報を真に受けて、事実と異なる記事を書いてしまえば責任問題になるからです。一度は疑ってかかり、その確証を得ようとします。

③早熟に見えて未熟

新聞記者は若いときから企業のトップと互角に渡り合うので、早熟な印象がありますが、社会人としては未熟な面もたくさん持っています。時には年長者として、人としてのルールや礼儀などを諭すことがあっても、彼らは聞く耳を持っています。

④なんでも知りたがり

記者は「知りたい欲」のかたまり。知らない世界を教えてくれる人には尊敬の念を抱き、親しくしたいと思っています。

⑤締め切りに追われ、慢性的に忙しい

マスメディアは毎日、新しい情報を発信し続けなくてはなりません。しかし、新聞社やテレビ局は、他の業種以上に人員削減が急速に進んでいます。少ない記者で同じエリアや領域をカバーしなくてはならず、慢性的に時間に余裕がないまま日々を送っています。

⑥反骨精神と大衆迎合の間で悩む

彼らは、社会的公正な立場で記事を書くという使命を持っています。彼ら一人ひとりが反骨精神、批判精神を持って社会の問題に挑みますが、新聞社やテレビ局という組織で見ると、大衆への迎合傾向が見られます。記者はその間で悩みながら仕事をしています。

⑦短時間で集中的に事に当たる

彼らは常に複数の記事を並行して準備しています。興味のある情報は、短時間にぐっと集中して取材し記事を書く。その集中力は素晴らしいですが、切り替えも早いし、忘れるのも早いです。

⑧常に他社の動向を気にしている

自社以外のメディアはすべてライバル。担当分野で自分の知らない大ニュースを他紙に抜かれるほど悔しいことはありません。

⑨みんな優秀だけど業界のことはシロウトである

記者はみんな、有名大学を出た秀才ぞろいです。会話を聞くと頭の良さがわかりますが、業界紙の記者でもなければ、初めて取材する業界のことはほとんど知りません。話すときには業界用語や専門用語を使わず、極力わかりやすく説明してあげましょう。

⑩企業に雇われたサラリーマン

記者であろうと新聞社、テレビ局という企業に雇われたサラリーマンとして組織の中で一生懸命生きている、人間性豊かな人たちばかりです。取材が終わったらプライベートな会話でお互いの共通点が見つかったり、共感が生まれたりもします。人間対人間として心を開いて付き合えば、必ずこちらの思いに応えようと努力してくれます。

普通の会社員とは違う、ちょっと「とっつきにくい」彼ら。こんな個性的な記者たちと良好なコネクションを築くには、平等の関係を保った上で、相手を尊重し、礼儀正しく、誠実に、正直に、そして人間臭く付き合うのが一番です。怖がらずに、積極的に話しかけ、情報を提供しましょう。

3 既存メディアを信頼しよう

社会に広がる情報の真偽が判別しにくい

「フェイクニュース」という言葉を、よく目にするようになりました。アメリカのトランプ大統領が、自分に不都合な記事を書く大手メディアを「フェイクニュースだ」とTwitterで非難したことで、その言葉がクローズアップされています。

情報の真偽や出どころが怪しいフェイクニュースは、SNSを通じて真実のニュースよりも早く、広く拡散すると言われています。

日本でも、雑誌社が大手新聞の捏造記事やテレビ局の報道番組での「ヤラセ」を暴いたり、メディア同士がお互いに報道姿勢を批判し合ったりしている状況を目にすると、社会に広がる情報の真偽がますます判別しにくくなってきました。確かにマスメディアの情報の信用性が以前より低下しているようにも感じます。

私の周りにも「マスメディアは信用できない」と公言する人がいます。

新聞・テレビ報道の信頼度は依然として高い

ただ、少なくとも日本の伝統的な新聞社（全国紙、地方紙、通信社）やテレビ局では、報道機関としての行動規範が定められ、記者たちもきちんと教育を受けて取材の現場に出ています。正当な取材、公正な報道、情報の中立性、個人情報の保護などあらゆるルールに従って「公共の利益につながる取材・報道を行う」という役割を認識したうえで記事を書いています。誰かの圧力でフェイクニュースやステルスマーケティングにつながる記事を書くことはしません。

「A新聞の論調は右寄り、B新聞は左寄り」などと言われることもありますが、それは会社としてのイデオロギーであり、現場の記者たちはほとんど意識していません。時に取材が不足していたり、間違った記事が出たりすることもありますが、それでもなお、マスメディアが報じている情報は、単にインターネットで拡散された情報と比べれば、格段に信用度が高いと考えられるのです。

「密かなブーム」をマスメディアが報じると一気にヒットする

情報がネットニュースやSNSの中だけで拡散しているうちは、子どもから高齢者まであらゆる人が知っているレベルに達することはありません。「密かなブーム」「静かなブーム」という状況が、あるとき新聞やテレビが報じることで閾値（ティッピングポイント）を超え、一気に庶民レベルにまで到達する大ヒットに結びつくのです。

たとえば、２０１６年後半に大ブームを起こしたＰＰＡＰ（ペンパイナッポーアッポーペン）。ピコ太郎がYoutubeに動画をアップしたのは、その年の8月25日。しかしながら、９月の時点ではまだほとんどの日本人はＰＰＡＰを知りませんでした。「ピコ太郎のＰＰＡＰをジャスティン・ビーバーがTwitterでつぶやいた」というニュースが9月28日に日本のマスメディアで流れた時点で、火がついたのです。

このように、インターネット情報に端を発する「大ヒット」も「大炎上」も、実はネットの中だけに留まっている間は、社会全体の関心事にはなっていません。その状況をマスメディアが報じることで確かな情報となり、老若男女が知るところとなるように、マスメディアはネットの情報を何百倍、何千倍にも拡大する増幅装置でもあるのです。

社会から信頼されるにはマスメディアを通じた情報発信を

皆さんの会社でも、「今はネット社会だから、自社ｗｅｂサイトやＳＮＳを駆使すれば十分情報が行きわたり、マスメディアは必要ない」と思っているのであれば考え直していただきたいです。

単に社名や商品名を知って欲しいだけなら、SNSやネット広告をうまく活用すればそれなりの認知度を高めることができます。モノを売って儲けたいだけなら、さまざまな顧客データを基にしたEコマース戦略によって短期的に販売額を伸ばすことができます。

しかし、もっと長期的に会社の考え方を理解してもらい、社会に信頼してもらいたいなら、マスメディアでの好意的な報道を獲得するのが王道です。それも、一度の報道でブランド価値が飛躍的に高まるものではありません。地道に、何度も、いろんなメディアに取り上げられる実績を積み重ねることで徐々に成果が出ていくものです。

信頼度の高いマスメディアの記事や報道・情報番組の中で紹介してもらうためには、まず取材する記者たちを信頼してください。良い記事は、企業と記者の信頼関係によって生まれます。

4 記者から信頼されるネタ元になろう

プレスリリースの内容の間違いは信頼を損ねる

マスメディアに対して、まさかでたらめ情報（ガセネタ）を進んで提供する企業はないでしょう。

けれど、良かれと思って提供した情報の内容やプレスリリースの記述が間違っていたら、こちらにはウソの認識がなくても、結果的にガセネタを流したのと同じことになり社会からの信頼を損ねることがありますから、注意してください。

企業から提供されたリリースによって書かれた記事内容が間違っていた場合は、記者側、企業側どちらにも責任があります。ですので、記者は企業からの情報の内容を基本的に信用しますが、報道する際には「裏取り」が欠かせません。

「最初」「最大」はその根拠が必要

「日本で初めて」「○○地方で最大」と書かれていれば記者はまず「本当に前例はないのか？」「もっと大きいのはないか」と疑ってかかります。「○○○○が人気」とあれば利用者の実際の声を求め、「業界の動向はこうなっている」と書いてあれば同業他社に確認してみるなど、記者はさまざまな方法でニュースの信憑性を高めていくのです。

記者がその作業を怠ると「誤報」につながり、社会を混乱させる事態を招くことさえあるからです。

メディアには社会に対して正しく有益な情報を届けるという使命があるので、間違った情報を広めてしまうことは記者にとって一番の「汚点」。誤報を重ねた記者は、いつか取材の現場から外されてしまう。記者はいつでも真剣勝負が求められます。

だからこそ、ネットで氾濫するアングラな情報などより、マスメディアの情報のほうが信頼度が高いのは当然なのです。

センセーショナルな見出しのプレスリリースはマユツバもの

企業は、事実と違うことや、会社として正式決定していないことを発表すべきではありませんし、発表時点で不確定な要素があるときは、それを明示しなくてはなりません。

また、プレスリリースに盛り込む商品の規格、価格、発売日、売上高などの数字や、名前の漢字は間違えやすいので、特に慎重を期して校正を重ね、正確な資料を記者に渡すことが重要なのです。

私の友人のベンチャー担当の経済部記者によると、記者の気を引くセンセーショナルな見出しを付けて、さも大事件のように誇張したリリースが、特にＩＴ系のベンチャー企業に多いといいます。

興味を持った記者が取材に行ってみると、実際にはまだ構想の段階で何も決まっていなかったとか、「日本で初めて」という触れ込みだったのに、よくよく調べたら何年も前に同じような商品が他社から出ていたとか、記者を失望させるリリースが多くて困るとのことでした。

自社の記事を書いて欲しい意図は理解できますが、そんなリリースを配り続けると、いくら本当に素晴らしい商品ができたとしても、記者が眉にツバをつけて読むようになってしまいます。

信頼度とニュース価値が高いプレスリリースが理想

プレスリリースはあくまで事実を淡々と伝えるものであって、伝える中身が本当にセンセーショナルな、ニュース価値の高いものでなくては、良い記事にはならないのです。

企業がパブリシティ活動によって社会からの信頼を得ようとすれば、まずは新聞記者など報道関係者に信頼されなければなりません。情報を提供する頻度も重要ですが、提供したネタが本当に信頼できるかどうか、これがさらに大事です。

そのネタの信頼度とニュース価値がどちらも高ければ、記者は自信を持って原稿を書くことができ、原稿が記事として掲載されることでメディアの本分（社会に対して有益な情報を広めること）が果たせるわけです。

信頼されるネタ元になれば、記者はあなたのサポーターに

そのような情報をもたらす企業は、だんだんと記者から信頼される「ネタ元」となっていきます。記者が「信頼できるネタ元」と考えてくれれば、ことあるごとに「何か新しい情報ないですか？」と声がかかってきますし、真っ先に積極的に取材に来てくれます。同じ日にニュースが重なったときも、こちらを優先して書いてもらえるようになります。

かくして、記者があなたの会社のナンバーワン・サポーターになってくれるわけです。

これほど心強い味方がほかにあるでしょうか？

5 取材対応で記者に嫌われないために

何度も取材したい人と、二度と取材したくない人

親しい経済担当の記者から、こんな話を聞いたことがあります。

「取材した経営者の中で、機会があれば何度も取材したくなる人と、できれば二度と取材したくない人のふた通りがある」。

どういうことかと聞いてみると

「何度も取材したくなる経営者は、面白くて新鮮な話題を提供してくれるのはもちろん

ですが、できるだけこちらの都合に合わせてくれて、真摯に取材に協力してくれる人。それから、こちらが聞きたいポイントを明快に答えてくれる社長です」

なるほど。では、取材したくないと思えるのは？

「その逆です」とひとこと。「私たちは限られた時間の中で効率よく取材して良い記事を書きたいと思っています。それを理解して協力してくれないと取材が思うように進まない。取材しても結局記事が書けずに終ってしまったりすると、二度と取材したくないと思う」というのです。

記者に嫌われる経営者の取材対応

こういうことを記者に言わせる経営者は、どんな取材対応をしているのかと、さらに聞いた内容をまとめると、次のようになりました。

・最初から取材拒否ならまだ良いが、約束した取材当日に会社に行くと社長が不在だったり、多忙を理由に時間が守られなかったりする。

・取材の趣旨とテーマを理解していない。冒頭に確認しようとしない。

・サービス精神が旺盛すぎて、聞かれてもいないことを熱く語る。記者の質問や発言をさえぎって、自分の言いたいことをしゃべり続ける。

・話の前フリが長く、質問に対する答えがいつまでも出てこない。挙句の果てに、本題から外れてしまう。
・大事なデータや経営的な数字、関係者の名前などを把握していない。
・「オフレコ」や「ノーコメント」、同業他社の悪口やマスメディアへの批判（記者に言うべきではないこと）を口にする。
・専門用語や業界用語などを多用しすぎて、何を言っているのか理解できない。
・記者の態度が悪い、質問が的外れだなどと言って説教を始める。
などなど。
もし私が取材に立ち会っていれば、即座に社長を制止して軌道修正するでしょう。

本人に悪気がなくても、嫌われることはある

取材が嫌いで記者と話したくない社長は、最初から取材拒否すべき。そんな会社は、事件や事故のときしか記者が寄り付かないから構わないのです。残念なのは、企業としては取材して欲しいのに、記者のほうから敬遠される社長です。
せっかく興味を持って取材に来てくれても、間違った対応をして記者から取材しづらい相手だと思われたり、嫌われたりすると、自社のＰＲにつながる記事を書いてもらえないばかりか、それをきっかけにメディアとのご縁を広げていくこともできなくなるのです。

本人に悪気はないかもしれませんが、要注意です。千載一遇のチャンスを逃さないためにも、前述のような例に心当たりがあれば、すぐに改めてください。

取材中は、記者の質問だけに過不足なく答える

取材する側、される側がお互いに気持ちよく目的を達成するコツは、記者の聞きたいことは何かを把握した上で、事実を正確に、過不足なく答えることです。質問の趣旨からズレた無駄な話はできるだけしないこと。自分の都合で、自分の話したいことを話そうとしてはダメなのです。

こうしたコツは、取材対応の経験を何度も重ねていけば徐々に理解できてくるのですが、記者との出会いは一期一会。明日、急に取材依頼があるかもしれないと考えて、予め心得ておくに越したことはありません。

一回ごとの取材を通じて、一人ひとりの記者との良い関係を作っていくことで、メディアの協力を得て自社のブランド化につなげていきましょう。

6 記者との末永い付き合い方

企業の広報やトップが、メディアの記者たちとどんな付き合い方をするかは、PRの重要なカギ。ひと月に何人の記者と面談できたか。その積み重ねは企業の情報発信力につながっていきます。

①迅速に対応する

記者の仕事は一刻を争う時間勝負です。取材やインタビュー依頼はてきぱきと対応し、社内で電話のたらい回しはしない。緊急の問い合わせにもすぐに答えられるようにしておく。広報担当者は、24時間いつでも連絡が付くように携帯電話の番号をオープンにしておくこと。対応が早い企業はそれだけで高く評価されます。

②公平・公正な対応につとめる

どのメディアに対しても公平・公正に対応する。全国紙でも地方紙でも、発行部数の少ない業界紙や雑誌であっても、テレビであればＮＨＫもローカルテレビも、記者たちはマスメディアとしてのプライドを持って仕事しています。

彼らをあからさまにランク分けやえこひいきしてはいけません。社内的に、ターゲットとするメディアを優先させることはあるでしょうが、その他のメディアには悟られないようにするべきです。

③取材されたら、そのメディアを注視しておく

取材したあと、「○○日の朝刊に記事が出ます」と電話をくれる記者もいますが、連絡がない場合もあります。朝会社に行くと外部からの電話が鳴りやまず、何事かと思ったらその日の朝刊に記事が出ていて、対応に往生したという例もあります。

取材されたらしばらくは、そのメディアの紙面を毎日チェックしておいたほうが良いでしょう。自分が見ても読んでもいないメディアに、自社のことを取材してもらおうというのは虫が良すぎると考えましょう。

④掲載のお礼と記事の感想をメールで伝える

読者や視聴者から入って来る電話の過半数は、クレームや批判だと言います。せっかく時間を掛けて取材して掲載されても、翌日その会社から記事の内容が間違っている、気に食わないなどの苦情が入ると、彼らの気持ちは一気に暗転します。

逆に、記事を読んで共感を覚えた、番組が面白かったなど感想を伝えてくれる人は意外と少ないのだそうです。だからこそ、記者は自分の仕事を読者・視聴者に評価されることが、殊のほか嬉しいのです。

記事掲載の朝、取材先から一番の電話がかかると彼らは反射的に「ドキッ」とするらしいです。掲載された朝一番に連絡するときは、電話よりもメールで、タイトルに「お礼」と書いて送ると、彼らにとって精神衛生上良いでしょう。

また、その記者が書いた署名記事や関わった番組を目にして、何か共感することがあったら、メールや手紙、はがきで感想を伝えてあげるととても喜んでくれます。

⑤「取材・掲載されてその場限り」の関係性で終わらせない

一度取材してくれた記者には、新商品を発売するときにはプレスリリースといっしょにサンプルを届ける、あるいは自社で勉強会を主催して講師として記者を招き、自社のことを知ってもらう。自社が所属する経済団体（○○商工会議所や○○同友会など）のセミナーに記者を講師として招き、メディアの勉強を行うとともに交流の機会を増やすことです。

⑥若手の担当記者を大事にする

企業が付き合うメディアの人は、新人記者から中堅のデスク、支局長級と幅広いですが、まずは自社を担当してくれる若手の記者を大事にすること。また、複数のメディアの記者に対して、発行部数の多さや肩書きで対応を変えないことも重要です。

そして、記者が取材に来たときに明るく迎えて、聞かれたことに明確に答え、記事にするのに十分な情報を提供すること。

⑦交際しても接待しない

新聞記者との情報交換や気心を知るための飲食は欠かせません。しかし、どちらがお客さまということではなく、対等なパートナーとしての関係を維持するためのもの。いくら接待しても記者はマイナスの記事を書くときには書きます。でも、一緒に食事したり酒を飲んだりして信頼関係が深まれば、いざというとき助け舟を出してくれる記者も現れます。

これらのポイントは、企業が日常的に付き合う経済や生活情報関連の担当記者との付き合い方です。事件担当の社会部の場合は、土俵が違うのでもっとシビアで緊張感のある関係になります。

とはいえ、相手も人間であることに変わりはありませんから、誠心誠意、礼儀正しく対応することで、良い関係を維持できると思います。

7 誤報への対応

ある全国紙の記事の間違い

以前、ある新聞紙面に、当社のクライアント企業の記事が掲載されました。それは、地域の業界の動向を特集した記事で、全国紙の高松支局の経済担当A記者が取材して書いたものでした。地元の有力企業のひとつとして、クライアント企業の名前とK社長のコメントが載っていました。

しかし、このコメント内容は、K社長の意図するところとはまったく違った形だったのです。たった一言のコメントではありましたが、K社長自身、「こんな発言するはずがない」というほど、捉え方によっては企業のイメージを低下させる恐れのあるニュアンスが含まれていました。

その件について、Kさんが電話で問いただしたところ、取材したA記者も事実の捉え方の間違いを認め、後日ほかの形で取材して補いたいと言い、実行してくれました。

本件はニュアンスの違いということで、「誤報」ではありませんが、会社側の意図した表現と異なることはよくあることです。明らかに事実関係が違うという場合もありますが、多くは記者の受け止め方による、評価や位置づけの違いなのです。

ですから、トップや広報担当者は取材を受けるときに、記事が会社の意図しない方向にズレないように、正しく確実に伝えることが誤報の防止につながるわけです。

それでも、もし自社に関する記事が明らかに間違っていたり、思わぬ方向に曲解して書かれたりしたときにはどうすればよいのでしょうか。

記事の誤りを見つけたら

まず、訂正が可能かどうかについてですが、メディアの立場としては次の通りです。

①固有名詞や数字の重大な間違いなど、明らかに事実関係の誤報は、きちんと指摘してもらえば訂正する（訂正記事を出す）場合もある。

②しかし、新聞はあくまで第三者機関なので、〝評価〟や〝位置づけ〟などに関しては一切訂正しない

たとえ、後で訂正記事が出たとしても、一度出た誤報は消すことができません。今後間違いのないように、企業側で慎重に対応するほうが現実的でしょう。

誤報は双方にとって不幸

誤報はないに越したことはありませんが、パブリシティではつきものです。誤報は企業側も痛いですが、記者にとっても大きな失点になりますので、記者こそ間違いたくはないのです。

記事の間違いを見つけたら、クレームの電話を入れる前に、まずは自分の伝え方が間違っていなかったかをよく考えてみるべきでしょう。

記事は、伝える側と書く側の共同作品ですが、伝える側の企業のほうがより多くの責任を持つべきだと思います。

・間違いのないように確認したか？
・間違いやすい内容は念を押したか？
・「このように表現して欲しい」という意図をきちんと伝えたか？

など、反省・検証の材料として今後に生かしましょう。

災い転じて福となす気持ちで

人に真意を伝えるには、それだけ神経を使って、相手の理解度に合わせて話を進めるように心掛けなくてはなりません。これはコミュニケーションの基本でもあります。

誤報があったとき、その事実を記者に知らせることは大切です。泣き寝入りする必要はありません。

でもその際、一方的に記者を責めるのではなく、会社としても伝え方に問題があったことを認めて、今後お互いに気をつけようと確認し合うことです。それによって、記者との人間関係がより深まることもありますし、それ以降強力なサポーターとして良い記事をより多く書こうとしてくれる可能性も高いのです。

残念なことに誤報があったなら、「災い転じて福となす」の気持ちで対応することがベストだと思います。

8 記者たちのつぶやき

この本を準備するにあたって、100名を超える新聞記者、テレビ制作者に取材しました。その中で印象的だった彼らのホンネをご紹介します。

・取材に来いと呼んだのに「あれは言えない」「これも言えない」じゃ記事にしようが

ない。

- 同じリリースを（自社の）他の部署に重複して送られると混乱する。
- プレスリリースは、結論と理由がわかればあとは概略だけでいい。
- 記者は発想する仕事。発想のヒントをくれれば嬉しい。
- PR会社から来たFAX、問い合わせ先が広告代理店になっているリリースは読まない。
- 電話は午前10時から16時ぐらいまでがありがたい。緊急電話は何時でもOK。（新聞）
- 今まで記事になっていない企業は、他社の手垢がついていない証拠。興味が湧く。
- 面白いモノはなくても面白い女性や技術者がいれば取材したい。
- メールやFAXを送った後の念押し電話はやめたほうがいい。
- 立ち位置が100％企業側にある広報とは付き合いたくない。
- （記者自身が）毎朝読んでいるのは大手紙と地元紙の、自分が関係する紙面だけ。
- 問い合わせ先に携帯電話が書いていないリリースは、確認が面倒なので敬遠したい。
- 地方のリリースで、その日に書かなくてはいけないものはほとんどない。
- 今日書いて、明日載せられるリリースが一番ありがたい。
- リリースを含めて、情報は対面でもらったほうが書きやすい。

・メールを送った後でフォローの電話があれば助かる。ただし知っている人なら。
・芸能人が出て来る新製品発表会には、絶対行かない。
・「君だから話す」と言われたら身を乗り出してしまう。
・右脳をくすぐり、左脳で納得させてくれる広報は、神です。
・「掲載されたら新聞を送ってください」って言われると、ガックリくる。
・毎年同じ案件のリリースでもいいんですよ。去年とちょっと違うところがあれば。
・ニュース価値と商品の価値って違いますよね。
・若い社員を広報担当にしている企業には、直接社長に電話します。
・私たちにわからない難しい話は読者に伝えようがない。
・KY（空気が読めない）、KK（気が利かない）広報は多いです。
・夜でも携帯電話にすぐ出てほしい。急いでるから掛けてるんです。
・態度の悪いダメ記者は無視して構いません。社内でも問題児扱いされてます。
・僕たちも「VS東京」という気持ちでやっている。スクラムを組もう。
・守りに入っている企業は取材しても面白くない。
・社長が熱く語れないようなものは広がらない。
・「世界中を笑顔にする会社」より「被災地の○○地区の人を笑顔にする会社」を取材

したい。

- 「いいモノ」と「いいコト」は私たちに伝えて欲しい。
- 読まれる記事には「たのしい」「トクする」「ためになる」の3つのTがある。
- こだわりは大事ですが、こだわりすぎると引いてしまう。
- 記者の仕事の半分は取捨選択と整理整頓。
- テレビの仕事はクリエイティブに見えて、地味な仕事です。
- 誠心誠意、熱心熱意でぶつかって来られたら、記者は負けます。
- 自分の会社とお客さまだけじゃない第三者にメリットがなくてはニュースにならない。
- 「ズレた」「食い違う」「かみ合わない」「違和感がある」。でも面白ければニュース。
- プレスリリースは、何らかの社会情勢に紐づけてほしい。

商品誕生の裏にあるストーリーが共感を呼ぶ

——松岡手袋株式会社

香川県東かがわ市は国内随一の手袋産業の集積地。松岡手袋は、この地で革製のスポーツ手袋を企画・製造しています。創業以来、野球やスキー用具の大手メーカーのOEM生産に特化していましたが、松岡紘二社長（現会長）は将来、独自の製品を持たなければ生き残れないという危機感を持っていました。

そんなとき、縫製担当の女性スタッフ上田さんが、中学で野球をしている息子さんから相談を受けました。

「お母さんの会社で、もっとバットが握りやすいグローブは作れないの？」

これを聞いた上田さん、余ったサンプル製品と材料を持ち帰り、毎晩夜なべして既製の手袋を分解しては、新しいバッティンググローブを考え続けました。

苦労して試作した、人間が力を抜いたときの指の状態に近い「指が曲がったグローブ」を社長に提案したところ、さっそく野球、スキー、ゴルフ、自転車用として自社での製品化が決定。「エルゴグリップ」という名称で発表。商標や特許も取得しました。

翌年、世界最大規模の革製品の展示会「アジア・パシフィック・レザーフェア」に

世界認めた“母の手袋”

「息子のため」着想

スポーツ用商品化

東かがわ市引田のスポーツ用手袋製造会社「松岡手袋」が開発した「Ｅｒｇｏ Ｇｒｉｐ」（エルゴグリップ）が、香港で3、4月にあった世界最大級の皮革見本市「アジア・パシフィック・レザーフェア」の技術部門で、大賞にあたる「テクノロジー・アワード」を受賞した。手にぴったりとなじむフィット感がうけた。この道24年の職人、上田由美さん(42)が息子のためにと試行錯誤を重ねたアイデアが、世界的な評価へとつながった。

（小林一茂）

この手袋は、縫い目の部分が厚く膨らんで指の部分などにごわごわした感触がある手袋が多いなか、独自の裁断と縫製でそれを解消。また縫い目が関節部分にくるようにも工夫し、握りやすくなっている。

アイデアが生まれたきっかけは、上田さんが約3年前、野球をしていた長男・隼平さん(18)から「バットのグリップと手袋の一体感があるような手袋が欲しい」と求められたことだった。仕事の合間に何度も作り直し、家で長男にバットを振ってもらった。フィット感が出るまで何十回も作り直したという。上田さんは「作り手と使い手では視点が全く違うことに気付いた」と改めて振り返る。

同社は上田さんの試作品をもとに商品開発に取り組み、08年4月に商品化。商品名のエルゴは英語のErgonomics（「人間工学。人間の身体に合わせ設計する学問」の意味）から取った。上田さんの長男はその夏、高校野球香川大会でさっそくこの手袋を着けて試合に臨んだ。

エルゴグリップは昨年6月、日本皮革産業連合会主催の「ジャパン・レザーアワード2008」でグランプリを受賞。同連合会の紹介で今回の見本市に参加した。松岡紘二社長は「来年からは今以上に世界に売り込んでいきたい」と意気込む。野球用のほかゴルフ、スキー、自転車、バイク用を注文販売している。詳しくは同社（0879・33・2090）へ。

「テクノロジー・アワード」を受賞したエルゴグリップと発案者の上田由美さん＝東かがわ市引田

2009年5月14日　朝日新聞

出展したところ、なんとこの手袋が技術部門の大賞にあたる「テクノロジー・アワード」を受賞したのです。

展示会終了後、受賞報告としてこのエピソードを添えてプレスリリースを配布したところ、各メディアが予想以上に大きく報じてくれました。単に高度な技術を集めて生まれたモノより、「子を思う母の心」が生んだモノのストーリーが記者の心を捉えたのです。

「世界が認めた母の手袋」は、野球用具メーカーや海外のスキーメーカーからも評価され、販路が広がっています。

第7章

検索したくなる空気作り

1 マスメディア報道をきっかけにweb検索へ導く

アナログ情報とデジタル情報のクロスオーバー

マーケティングにおいて、web戦略は欠かせないものになっています。中小企業がブランド作りをしようとするとき、「PRとwebの連動が勝負を分ける」ともいわれます。

もはや企業PRは、既存のマスメディアに向けたパブリシティだけでは成り立ちません。同時にニュースサイトやSNS、自社webサイトによる情報発信をクロスオーバーさせて、いかに相乗効果を高めるかが、中小企業の発展の鍵を握るのです。

アナログとデジタル、文字と音声と映像、VRなど、表現の仕方や伝え方のバリエーションは無限に広がっています。情報の収集、加工、発信、拡散などあらゆる面でネットの使い方を習得していくことが、中小企業にも求められています。

PUSHとPULLの両面から考える

今、リアルタイムでテレビ番組を見る視聴者がどんどん減っており、視聴率という概念は意味を持たなくなっています（ビデオリサーチは2016年から、番組を録画して見る「タイムシフト視聴率」の測定も始めていますが）。かなり以前から、企業ＣＭは視聴率ではなく最後に出す検索（「続きはｗｅｂで」といった見せ方）をどれだけクリックしたかで費用対効果を計る企業が増えてきています。

この場合、マスメディアでの広告は、自社ｗｅｂサイトや通販サイトへ誘導するきっかけ作りという位置づけです。広告で押し（ＰＵＳＨ）ながら、ｗｅｂサイトに引き込む（ＰＵＬＬ）のです。

パブリシティでいえば、「テレビや新聞に取り上げられた翌日に店の前に大行列ができる」というのは遠い過去の話。今は、マスメディアの記事やニュースを目にして興味を持ったら、パソコンやスマホで店や商品名を検索して、ｗｅｂサイトやTwitter、まとめサイト、口コミサイトなどを確認し、関連情報を手に入れた後に、買うか買わないかを判断するという過程を経ていきます。すぐに極端な行動には移らなくなったのです。

今あなたの会社がすべきことは、マスメディアにプレスリリースを届けて報道を獲得し、それをきっかけとしてネット内にちりばめられた自社情報を見つけてもらい、さらにネット上の口コミなどの情報連鎖を誘発するようにすること。「ＰＵＳＨ型」のアプローチと「ＰＵＬＬ型」のアプローチの両面から進めていくことです。

「マスメディアに取り上げられれば、客が増える」ではなくて、「マスメディアの報道は、

webメディアへの引き金となる。だからまず、マスメディアに向けて情報発信しよう」という意識改革が必要になります。

自社webサイトに必要なコンテンツ

後述しますが、あなたの会社が配信したプレスリリースを記者が目にして、内容に興味を持ったら、次は必ずその社のwebサイトを訪れます。

その際、プレスリリースには書かれていない、あなたの会社の歴史や経営理念、事業方針、商品群と特長、社長のプロフィール、社員紹介、顧客の声などが詳細かつ明快に掲載されていると、この会社を取材すべきかどうかを判断しやすくなります。

さらに、社内のメディア受け入れ態勢が整っていることを示すために、メディアからの専用問い合わせフォームと受付電話番号（代表や総務の電話でも可）を明示しておくとよいでしょう。

また、過去に発信したプレスリリースや掲載実績のアーカイブを自社webサイトにもアップしておくことで、記者がキーワード検索からプレスリリースを見つけ、忘れたころに取材につながるケースもあります。

多彩なネットメディアを理解する情報リテラシーが必要

あなたの会社が「地方発・全国ブランド」を目指すなら、地元のテレビ、雑誌、新聞だけをターゲットとするアナログ一本のパブリシティでは明らかに不十分です。

ニュースサイトや動画サイト、まとめサイトや読者の多いブログにURLが勝手に貼り付けてあったり、SNSで口コミが拡散したり、そういったネットメディアの中に、自社の情報をいかに多くちりばめ、いかに広げられるかが、今後の地方中小企業の成長の鍵になってきます。

そうした多彩なwebメディアを戦略的に使いこなすには、生まれてすぐにインターネットが身の回りにあった若い世代の人たちの感性が欠かせません。もしも、経営者であるあなたが「ネットやスマホは苦手」と感じるなら、その部分だけは早めに全権委譲し次世代に引き継ぐほうが得策でしょう。

2 web時代の記者の取材工程

消費者行動も記者の行動も変化してきた

家庭へのインターネットやスマホの普及で、消費者は、店に行って買う前に、まずはネット検索で情報収集するのがごく当たり前になっています。これが広告業界でよく言われる、「消費者の購買行動がＡＩＤＭＡ（注目⇩興味⇩欲望⇩記憶⇩購買）からＡＩＳＡＳ（注目⇩興味⇩検索⇩購買⇩情報共有）に変化した」ということです。

そして、消費者の行動が変わる流れと並行して、マスメディアの記者たちの取材行動パターンも大きく変わってきています。

インターネットが普及する以前、記者たちは編集部に配信されたプレスリリースや人づての話で情報を入手したら、まず当該の会社に電話し、直接会って取材しなければ、それ以上の情報は手に入らず、記事を書く材料が足りませんでした。

取材の前に「検索」は欠かせない

記者たちは今、ある会社のプレスリリースや口コミ情報を①入手して↓②興味を持ったら↓③パソコンやスマホで検索して事前確認します。その後、次のような行動をとるのが普通です。

●当該企業のｗｅｂサイトを確認

・その会社が実在するか

・どんな会社なのか（会社概要、経営者、商品やサービスの特性、社歴、実績など）
・入手した情報は信頼できるか（ガセネタではないか）

●自社と他社の記事データベースを開いて検索

・過去に自メディア、他メディアで報道された実績があるか
・犯罪歴、不祥事の報道履歴などはないか

●Yahoo! や Google などのポータルサイトでカテゴリー検索

・他の会社でよく似た製品・サービスが出ていないか
・他社の商品と新しい情報（当該商品）の差はどこにあるのか

●社会の動きとの関連を考証

・なぜ、今なのか
・記事にする必然性があるか
・記事にしても良いか（法的規制などはないか）

④それらの確認ができたら、初めて企業に電話し、取材の可否を確認し、取材日程を決めます。実際に現地に赴き、責任者に取材してリリース内容の再確認や疑問点のチェックをし、経緯、背景、将来ビジョンなど付随する情報を聞き出します。

⑤その後、社に戻り、それらを頭の中でまとめながら記事原稿を執筆し、デスクに提出します。

ＡＩＳＡＷの法則

ここまでの流れを、ＡＩＤＭＡに倣って頭文字で表すとＡＩＳＡＷ（アイソウ）となります。

①Attention（注目する）
②Interest（興味を持つ）
③Search（検索する）
④Action（連絡・取材する）
⑤Write（原稿を書く）

記者がプレスリリースや口コミで情報を入手して興味を持ち、取材依頼の連絡をするまでの間に「ネットで検索して調べる」過程が加わっています。私はこれを「ＡＩＳＡＷの法則」と名付けました。

パブリシティの前に、自社webサイトは必需品

プレスリリース配布やメディアアプローチで自社や商品・サービスの存在を知らせる一方で、その受け皿としてのwebサイトの重要性がますます高まってきています。

前述の通り、記者がネタとして興味を持っても、あなたの会社をまだ知らなければ、最初に必ず会社名で検索（Search）します。そのとき、自社のwebサイトもなく、キーワード検索にも引っかからないような会社は、記者にとってもリスク（記事になるかどうかわからない）が大きいので、取材対象から外れてしまいます。

きちんと体裁が整ったコーポレートサイトを用意し、情報を過不足なく掲載し、記者に取材の可否の判断基準を提供できるようにしておくことは、企業がPRに取り組む前の最低限の準備なのです。

いま一度、その役割を見直し、PR戦略を補完するためのweb戦略を考えていきましょう。

3 「Yahoo! ニュース」に掲載されるには

「フジサンケイビジネスアイ」を重視する理由

私のクライアント企業は、産経新聞社が発行するビジネスマン向けのタブロイド紙「フジサンケイビジネスアイ」にたびたび掲載されています。

産経新聞は5大全国紙の中では最も発行部数が少なく、ましてフジサンケイビジネスアイは大都市圏以外では一般的にあまり購読されていません。しかし、私はこのメディアをとても重要視しています。

なぜなら、産経新聞社は自社のニュースサイト「Sankei Biz」だけでなく、「Yahoo! ニュース」をはじめ「グノシー」「MSN ニュース」「LINE ニュース」「Excite ニュース」などの記事提供元となっていて、これらのサイトに記事が高い確率で転載されていくからです。もはや、紙媒体の読者の数十倍もの読者が、ネット上にいるというわけです。

中でも「Yahoo! ニュース」は、日本人の80％が何らかの形で接していると言われ、トピックスが月間100億PV、全体では月間600億PVにもなるという国内最大のニュースサイト。

トップページに、1日50本ほど示される「Yahoo!トピックス」に自社のニュースが掲載されたら、スマホやパソコンを通じてタイムリーに数百万人もの人が記事を読んでくれ、会社の運命が一日にしてガラリと変わる可能性が高い、それほど大きな影響力を持つメディアとなっています。

今、PRの世界では、従来の新聞やテレビの報道だけでなく、検索の受け皿として「Yahoo!」を含めたネット上のニュースサイトに、いかに記事を載せてもらうかが大きなテーマとなっています。

「Yahoo! ニュース」にいかに掲載されるか

「Yahoo! ニュース」には1日4000本以上の記事が掲載されますが、「Yahoo!」自身は報道機関ではありませんから、独自に取材して信頼性の高い一次情報をユーザーに届けることはできません。提携しているニュースの提供社（約250社350媒体・2018年6月現在）から記事データを集め、それを取捨選択してサイトに掲載するのです。

ですから、これら提供社となるメディア（日経を除く全国紙、共同・時事通信社、地方紙、スポーツ紙、専門紙、業界紙、民放テレビなど）に記事を掲載してもらうことが「Yahoo! ニュース」への近道となるのです。

「Yahoo! ニュース」への記事提供社は次の通りです。

https://headlines.yahoo.co.jp/docs/copyright.html

企業のPRとしては、記事提供しているそれらのメディアに一定以上の大きさで取り上げてもらえば、高い確率で「Yahoo! ニュース」に転載されるため、より幅広く自社の情報を行きわたらせることができます。「Yahoo! ニュース」への掲載を増やしていくには、記事提供している各メディアを狙って積極的にアプローチしていくべきです。

「Yahoo!」が優先的に取り上げる経済ニュースは、「だれもが共通して認識しているテーマ」(普遍性)であること、あるいは「そのニュースを起点に論争が起きそうなテーマ」(社会性)とのこと。

単なる新製品発売やイベントの案内では、まず「Yahoo! ニュース」には到達しません。ニュースバリューが高く、大きなスペースで詳しく報じられる記事です。もっとも、これは普通の新聞やテレビでも同じことが言えるでしょう。

ローカルニュース専門webメディアの活用も

主要なマスメディアのほかに、私が推奨しているアプローチ先としては、

・「みんなの経済新聞ネットワーク」（花形商品研究所ほか　https://minkei.net/）
・「Jタウンネット」（ジェイ・キャスト　http://www.j-town.net）
・「webマガジン コロカル」（マガジンハウス　https://colocal.jp/）
などのデジタルメディアがあります。

「みんなの経済新聞ネットワーク」は全国の地域の経済ニュースを集めており、全国に100以上の編集拠点があります。ジェイ・キャストの「Jタウンネット」は独自で取材し編集・発行している数少ないwebニュース専門メディア。「webマガジン コロカル」は、マガジンハウスが発行する日本の地域をテーマにしたwebマガジンです。

これらデジタルメディアの編集部にも直接プレスリリースを配信してみましょう。取り上げてもらえれば、「Yahoo! ニュース」への波及が期待できますので、ぜひアプローチしてみてください。

4 中小企業のための低コストな「トリプルメディア戦略」

既存の「トリプルメディア戦略」は広告がらみ

数年前から、マーケティングの教科書の中に、「トリプルメディア戦略」という言葉がひんぱんに登場するようになりました。みなさんも耳にしたことがあるかと思います。

これは、企業と社会（顧客）の接点となるメディア（媒体）を①ペイドメディア（広告媒体）、②オウンドメディア（自社所有媒体）、③アーンドメディア（口コミ媒体）の3つに大別して、各メディアの特性を生かして最適化することで社会的な認知、見込み客の獲得、顧客との信頼度向上、情報の拡散までを実現するという流れです。

この理論で行くと、企業は自社所有媒体（webサイト、ブログ、会社案内など）、口コミ媒体（SNS、テレビ番組、新聞記事など）とともに、広告媒体（テレビCM、新聞広告、折込チラシ、リスティング広告など）も戦略上必ず使うことが前提となっています。

中小企業には中小企業のための「トリプルメディア戦略」

しかし、売上高数千億円の大企業、上場企業ならまだしも、地方の売上数千万円～数億円の中小企業の、なけなしの予算の元本を保証してくれる広告媒体はありません。中小企業にとって、形はどうあれ、広告はリスクが高いというのが現実です。

そのため、私はこれを自己流でアレンジして、中小企業がより取り組みやすい「トリプルメディア戦略」を提唱しています。ペイドメディア（広告媒体）は初めから除外し、①オウンドメディア（自社所有媒体）、②マスメディア（パブリシティ）、③ソーシャルメディア

（SNS）の3つに分類しました。

このトリプルメディアが有効に機能すれば、基本的に広告費用が掛かりませんから、中小企業でも認知度を向上し、信頼を獲得し、顧客とのつながりを継続することができます。

①オウンドメディア（自社所有媒体）

コーポレートサイト、ブログ、メルマガ、店舗装飾、商品パッケージ、社員の応対など、自社で表現や露出をすべてコントロールできるコンテンツの絶対量と中身を充実させていきます。

②マスメディア（パブリシティ）

本書でここまで述べてきたことを実践し、プレスリリースを活用して新聞記事やテレビニュース、情報番組などでの露出を増やしつつ、オウンドメディアに誘導して信頼度を高めます。

③ソーシャルメディア（SNS）

マスメディアでの報道やコーポレートサイト、ブログなどを見た人、あるいは実際に店舗を訪れたり商品を買ったりした人が、Facebook や Twitter、Instagram などで体験談やビジュアル、評価を拡散してくれるよう、自社のイメージを高め、良い評判が人から人に伝わるようにしていきます。

「トリプルメディア」で拓く、地方中小企業の未来

インターネットの出現やSNSの普及は、全世界にとって、これまでの概念を大きく変える衝撃敵的な出来事でした。Windows95（インターネット）の出現の前と後で、われわれが1日にアクセスできる情報の量は1000倍に増えたともいわれています。

その中で、新聞、テレビ、雑誌などマスメディアのあり方も様変わりしてきていますので、企業のPR戦略も10年前のままではあり得ません。

いつまでも、プレスリリースを作って記者クラブに配布するだけのパブリシティしかできないようでは、情報感度の高い若手のリーダーが指揮する新しい会社に駆逐されて、早晩ジ・エンドになってしまいます。

今、あなたの会社でできる、精いっぱいの知恵と力を注いで、全社をあげてトリプルメディア活用の仕組みを作ってください。情報の循環をスムーズにし、良い評判がスパイラル的に拡散していくようになれば、地方の小さな会社でも、今後広告費を一切使わなくて

図７－１　「トリプルメディア」

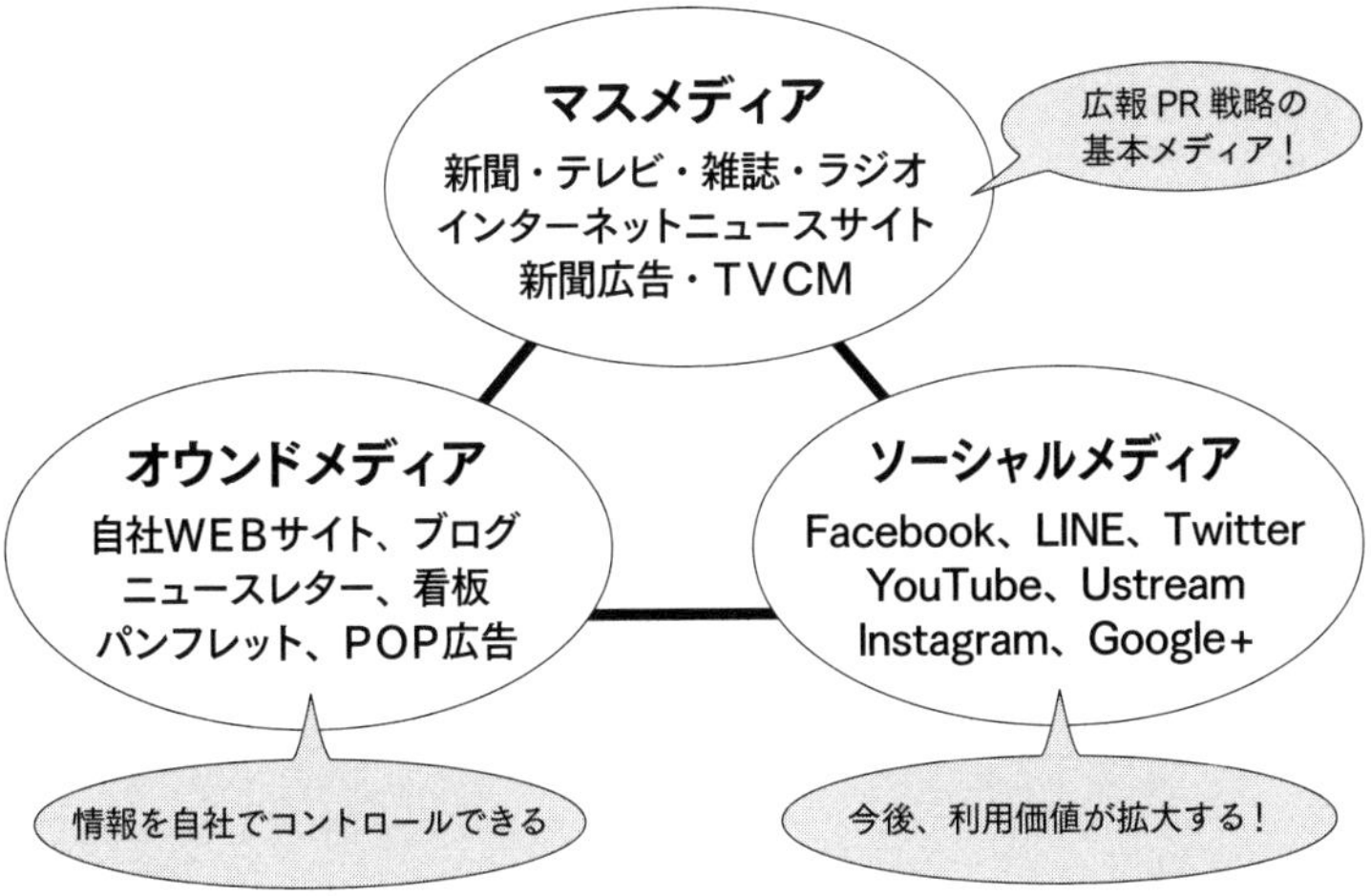

も、全国的な認知度とブランド価値を手に入れることが可能です。長い年月にわたって地域ナンバーワンの企業であり続け、また同業界の競合他社が鎬を削る中で勝ち残っていける強い会社になれるはずです（図７－１）。

●――有限会社山本縫製工場

独自の技術をPRすることで大きなニーズを引き寄せる

山本縫製工場（香川県坂出市）は、スタッフわずか6人の縫製会社です。1952年の創業以来、婦人服や体操服などの請負を中心に業容を拡大していましたが、バブル崩壊とともに受注が激減したため、大リストラを敢行して一からの再起を図りました。

元々アイデアマンで、裁断と縫製技術、素材を選ぶ眼には自信があった山本益美社長は、ときおり耳にする「こんなものがあれば」という声をヒントに、オリジナル製品の企画案を作っては特許出願するようになりました。

腰痛で悩む人がいれば、一日中着けていても蒸れない腰ベルトを考案。知り合いの介護士から「夏場の入浴介助がつらい」と聞けば、背中に保冷剤を入れて装着するリュックなどを考案し商品化していきました。

そうしたアイデア商品が、プレスリリースによってメディアで報じられると、各方面から新たな相談が寄せられるようになりました。病院からは「結露しない氷枕カバーを作ってほしい」。金属線メーカーからは「極細の金属線を糸のように布に縫い込めないか」など。それらアイデアと高い縫製技術を要する課題を次々とクリア。そんな取り組みがまた報道されることによって、大学や高等専門学校などから技術の相談や共同研究の依頼が殺到するようになりました。

現在は、岡山大学医学部との共同で、布製のベルトに縫い付けた金属糸を電極として、心拍数や血圧などの生体反応をモニタリングできる医療器具などの開発にも参画しています。

日刊工業新聞

金属線を布に直縫い

山本縫製工場

モニタリング電極用途

介護・医療・スポーツ分野に

【高松】山本縫製工場（香川県坂出市、山本益美社長、0877・46・4758）は、金属線を糸のようにミシンで布地に直接縫い付ける縫製技術を開発した。導電性のある金属線を下着やベルトに縫い付けることで、心拍数や血圧、呼吸量などを測定する機器の電極として使用しセンサーを通してモニタリングできる。介護や医療、スポーツなどの分野で普及を見込む。

山本縫製工場が開発した新しい縫製技術は、ステンレスや銅など直径0・1ミリ―0・07ミリメートルの金属線をミシンで布地に縫い込む。かがり縫いや千鳥縫いで縫い付ける。ミシンの調整や金属線の太さを変えたり、金属線と布地のしまり具合を変えることで布地に金属線を直接縫い付けることを可能にした。

従来は繊維の表面にコーティングしたり電極となる金属板を布地に貼り付ける方法があった。しかし、電極部分が折り曲げを重ねることにより破損したり、洗濯などで剥がれるなど強度に問題があった。

金属線を布地に縫い込むことにより、破損や剥がれる心配が少なくなるという。

金属線を糸のように使って縫いつける

2015年10月15日
日刊工業新聞

地方の小さな縫製工場でも、独自の高い技術をPRすることで、それを必要とする人に見つけてもらうことができるという一例です。

おわりに

広報ＰＲの世界はここ数年で絶対的なマスメディア重視から、マスメディアとｗｅｂメディア共存へと変化してきました。数年前までの私は、既存メディア主導のパブリシティを追求してきましたが、デジタルネイティブの後輩たちに指導を仰ぎながらｗｅｂ活用ＰＲを今また基本から学んでいます。広報ＰＲの世界はさらに進化・深化し、初耳の言葉だらけ。学ぶべきことは尽きません。

そんな中で、本書にまとめた内容は、私がこれまで経験し考えた既存メディア型のＰＲノウハウが中心となっています。では、これからのｗｅｂ主流時代に本書の内容が役立たなくなるかというと、そうは思いません。

多くの人々の話題に上る最新情報の多くは今も、既存メディアの記者たちによってどこかで取材され報じられた情報に端を発しています。マスメディアがこれまで長年にわたって築き上げてきた情報媒体としての社会的信頼性は、スマホでの情報入手が主流になったとしても簡単に揺らぐことはないからです。本書を下地にして、あなたの会社独自の、新たな時代に向けたＰＲ戦略を考えていただければと思います。

本書に記したパブリシティの手法や情報発信のコツ、そのひとつずつでもあなたの会社に採り入れ、実践を始めていただけたら、今まで想像もつかなかった人とのご縁が生まれ、小さな歯車が動き始めるはずです。あとはそのご縁をどう増やし、つないでいくか。

改めて言いますと、ＰＲは「Public」（公衆・社会）との「Relations」（関係性）作り。つまり、あなたの会社と社会の様々な人たちとのリアルな「ご縁」をつないでいくことです。良い人との出会いを重ねる中で、会社の運命を変えるキーパーソンが現れる。そのチャンスが前より増えれば「広報・パブリシティが成功した」といえるのです。

パブリシティ成功法を実践して、ぜひ、良い人との出会いの機会を増やしてください。

この本を執筆するに至った過程で実に多くのキーパーソンとのご縁がありました。

まずは私が広報の師匠とするお三方。会社員時代に広報の基礎を教わった藤江俊彦氏（千葉商科大学大学院教授）、地方でのＰＲ支援事業立ち上げの背中を押していただいた山見博康氏（山見インテグレーター代表取締役）、メディア対応の基本を伝授いただいた佐桑徹氏（経済広報センター常務理事）。いつも応援していただきありがとうございます。

日常的にお付き合いする中で、考え方のヒントや厳しい指摘をいただける、地元新聞社やテレビ局などメディア関係者の方々。多くの経営者との出会いの機会を与えて下さる中小企業基盤整備機構や香川県・岡山県、各商工会議所など公共機関。数多くのクライアント企業の経営者の方々。皆様に支えられながらここまで来ました。ますます精進いたします。

合同フォレストの山中洋二氏には執筆期間中懇切丁寧にご指導いただき、ようやく仕上げることができました。念願だった自分の著書が形になると思うと感無量です。

昨年秋まで出版をあきらめていた私に火をつけ、実現へと導いてくれた赤松範胤氏。彼はこの本の完成を待たずに、ガンのためまだ40代の若さで逝ってしまいました。あの日の電話は本当に青天の霹靂。今でも信じられませんが、天国の赤松さんに完成の報告と心からの謝辞を送りたいと思います。本当にありがとう。

そして、昨年9月に亡くなった母、今年4月に亡くなった父。二人にもぜひ手に取って欲しかった。間に合わなくてごめん。

2018年8月24日　台風一過の高松にて

PRプランナー／経営士　妹尾　浩二

【参考文献】

『現代の広報』藤江俊彦著（電通）
『よくわかる広報マニュアル』藤江俊彦著（ＰＨＰビジネス選書）
『実践企業広報マニュアル』篠崎良一著（オーエス出版社）
『Ｗｅｂ時代の広報戦略』佐桑徹編著（同友館）
『新時代の広報』佐桑徹著（同友館）
『広報ＰＲ・ＩＲ辞典』藤江俊彦編緒（同友館）
『会社をマスコミに売り込む法』山見博康著（ダイヤモンド社）
『広報・ＰＲの基本』山見博康著（日本実業出版社）
『山見式ＰＲ法』山見博康著（翔泳社）
『広報担当の仕事』五十嵐寛著（東洋経済新報社）
『全部無料で宣伝してもらう対マスコミＰＲ術』玉木剛著（翔泳社）
『宣伝費ゼロ時代の新しいＰＲ術』高橋眞人著（ＫＡＷＡＤＥ夢新書）
『手紙を書いてマスコミにＰＲする方法』坂本宗之祐著（自由国民社）
『商品よりもニュースを売れ』酒井光雄著（日本経済新聞社）
『テレビで売上を１００倍にする私の方法』野呂エイシロウ著（講談社）

『孫子の兵法』　守谷洋著（三笠書房）
『ドキュメント 戦争広告代理店』　高木徹著（講談社）
『戦略ＰＲ』　本田哲也著（アスキー新書）
『物を売るバカ』　川上徹也著（ＫＡＤＯＫＡＷＡ）
『ウェブブランディングの教科書』　佐野彰彦著（幻冬舎）
『モノの広め方』　西江肇司著（Ameba Books）
『売れないものを売るズラしの手法』　殿村美樹著（青春出版社）
『ブランドは広告でつくれない』　アル・ライズ＆ローラ・ライズ著（翔泳社）
『ゲリラＰＲ』　マイケル・レビン著（東急エージェンシー）
『コトラーのマーケティング・コンセプト』　フィリップ・コトラー著（東洋経済新報社）
『創発するマーケティング』　ＤＮＰ創発マーケティング研究会編著（日経ＢＰ）

その他、新聞・雑誌の記事、インターネット上の様々なサイトの文献等を参考にさせていただきました。

●著者プロフィール

妹尾　浩二（せのお・こうじ）

有限会社プリズム代表取締役 PR プランナー
公益社団法人日本 PR 協会認定 PR プランナー
一般財団法人日本経営士会所属経営士
中小機構四国本部経営支援アドバイザー

1961年岡山県生まれ。

1984年香川大学経済学部卒。

広告代理店を経て1989年に地方大手不動産会社に入社。以来一貫して広告宣伝・広報・PR の実務に携わり、同社の全国展開における広報戦略の立案と実施、マスコミ対策などに取り組む。

2005年４月に独立し、有限会社プリズムを設立。主なクライアントである四国地方の中小・ベンチャー企業の広報ブレーンとして参画するほか、国や県など公共機関で広報専門家として200社以上の広報 PR を支援してきた。

■有限会社プリズム
URL：www.prism-shikoku.com

企画協力　　赤松　範胤
組　　版　　GALLAP
装　　幀　　華本　達哉（aozora.tv）
校　　正　　光成　三生

地方の中小企業が全国ブランドになるための
広報ＰＲ　パブリシティ戦略

2018 年 10 月 31 日　第 1 刷発行
2020 年　1 月 30 日　第 2 刷発行

著　者　　妹尾　浩二
発行者　　山中　洋二
発　行　　合同フォレスト株式会社
郵便番号 101-0051
東京都千代田区神田神保町 1-44
電話 03（3291）5200　FAX 03（3294）3509
振替 00170-4-324578
ホームページ http://www.godo-forest.co.jp
発　売　　合同出版株式会社
郵便番号 101-0051
東京都千代田区神田神保町 1-44
電話 03（3294）3506　FAX 03（3294）3509
印刷・製本　株式会社シナノ

ISBN 978-4-7726-6123-2　NDC 674　188×130